Stress a seu favor

Como gerenciar sua vida em tempos de crise

Dados Internacionais de Catalogação na Publicação (CIP)
(Câmara Brasileira do Livro, SP, Brasil)

Andrews, Susan.
Stress a seu favor : como gerenciar sua vida em tempos de crise / Susan Andrews ; [tradução de Niels Nikolaj Gudme]. – São Paulo: Ágora, 2003.

Título original: Use stress for your benefit
ISBN 978-85-7183-825-3

1. Estresse - Administração 2. Estresse (Psicologia) 3. Conduta de vida I. Título.

03-1219 CDD-158.1

Índice para catálogo sistemático:

1. Estresse : Controle : Psicologia aplicada 158.1

Dra. Susan Andrews

Stress a seu favor

Como gerenciar sua vida em tempos de crise

EDITORA ÁGORA

STRESS A SEU FAVOR
Como gerenciar sua vida em tempos de crise

Tradução: **Niels Nikolaj Gudme**
Capa: **Ricardo Facioli**
Ilustrações: **Ricardo Facioli (Cako) e Gary Lund**
Projeto gráfico: **Marcelo Miguel**

5ª reimpressão

EDITORA
ÁGORA

Departamento editorial:
Rua Itapicuru, 613 – 7º andar
05006-000 – São Paulo – SP
Fone: (11) 3872-3322
Fax: (11) 3872-7476
http://www.editoraagora.com.br
e-mail: agora@editoraagora.com.br

Atendimento ao consumidor:
Summus Editorial
Fone: (11) 3865-9890

Vendas por atacado:
Fone: (11) 3873-8638
Fax: (11) 3873-7085
e-mail: vendas@summus.com.br

Impresso no Brasil

Para P. R. Sarkar,

a fonte de toda inspiração.

ÍNDICE

O QUE É ENFIM O ESTRESSE?

São tantas as definições para o estresse que algumas vezes fica difícil saber realmente o que ele é. A definição geralmente mais aceita é a do dr. Hans Seyle, que foi o primeiro a utilizar o termo "stress" (ele emprestou a palavra da engenharia, onde stress refere-se ao desgaste de materiais submetidos a pressão excessiva). O dr. Seyle foi o pioneiro na pesquisa do estresse nos idos de 1930, e é bem interessante como ele tropeçou no assunto, literalmente!

"É a resposta do corpo a qualquer demanda, quando forçado a adaptar-se à mudança"

Seyle estava pesquisando o sistema endócrino dos ratos, mas, por ser um tanto desajeitado, quando tentava injetar hormônios nos animais, muitas vezes eles escapavam de suas mãos, o que o obrigava a sair no encalço dos ratinhos pela sala com uma vassoura, para colocá-los de volta nas suas gaiolas. Após meses passando por isso, Seyle verificou que os pobres ratos haviam desenvolvido úlceras pépticas, glândulas supra-renais demasiadamente inchadas e sistemas imunológicos combalidos. Ele havia "estressado" seus próprios ratos!

E assim ele desenvolveu a definição clássica do estresse: "É a resposta do corpo a qualquer demanda, quando forçado a adaptar-se à mudança". O que é essa mudança e o que é a resposta do estresse que Seyle descobriu?

MUDANÇAS ACELERADAS: MAIS TRABALHO

Com os grandes avanços na automação e informática, imaginávamos que iríamos estar trabalhando cada vez menos e dispondo de um tempo maior para lazer, artes, natureza, família e vida espiritual. Ah! Quem dera! Estamos trabalhando cada vez mais, dispondo de menos tempo para o lazer e ficando mais estressados.

Trabalhando religiosamente oito horas por dia você pode finalmente chegar a ser patrão e trabalhar doze horas por dia.

No Brasil, segundo pesquisa do Instituto Brasileiro de Geografia e Estatística (IBGE), a média de horas trabalhadas bateu 41 horas por semana no final dos anos 1990, contra 39 do começo da década. Parece pouco, mas não é. Duas horas a mais por semana significam oito a dez horas a mais por mês, cerca de cem horas a mais por ano. Isso coloca o Brasil em oitavo lugar em horas trabalhadas, por ano, no mundo – pior do que o *workaholic* dos EUA, que têm mais férias! (*Veja*, 5/4/2000)

"SABE QUAL É SEU PROBLEMA, WALTER? VOCÊ NÃO SABE RELAXAR!"

E o nosso trabalho não acaba quando deixamos o escritório. Hoje, depois que voltamos para casa, é comum ouvirmos os recados da secretária eletrônica, atendermos as ligações no celular, checarmos as mensagens no nosso e-mail, respondê-las, lermos o material que alguém nos enviou, entrarmos num site para saber mais sobre o assunto – no final das contas já trabalhamos três ou quatro horas a mais. Antes, trabalhávamos apenas enquanto estávamos no escritório. Agora, estamos "plugados" o tempo todo.

O que aconteceu com aquele brasileiro "boa-praça"?

Para 39% da população brasileira, a jornada é de pelo menos 45 horas por semana!

"SÍNDROME DOS SOBREVIVENTES DAS DEMISSÕES"

A economia globalizada da última década lançou uma competição feroz com o *downsizing*, a terceirização e a reengenharia. Quem manteve o emprego tem que trabalhar muito mais, não só para arcar com a sobrecarga de trabalho e os desafios mais complexos, mas também para não ser dispensado.

O *Wall Street Journal* anunciou que a maioria das empresas está sofrendo os efeitos da chamada "síndrome dos sobreviventes das demissões", na qual a desconfiança e a ansiedade substituem os sentimentos de lealdade e segurança. Pois é esse ambiente hostil no trabalho, com relacionamentos desagradáveis e colegas invejosos, que vai nos tornando cada vez mais tensos, até nos sentirmos como se fôssemos explodir.

"ASSÉDIO MORAL": VIOLÊNCIA NO COTIDIANO

Relações de trabalho que destroem o amor-próprio, a paz mental e até a saúde se tornaram uma doença universal. Tanto é que tudo isso já tem nome – "assédio moral", batizado pela psiquiatra francesa Marie-France Hirigoyen, que publicou um livro *best-seller* nos EUA e na Europa: *Assédio moral – a violência perversa no cotidiano*. A drª. Hirigoyen põe o dedo na ferida que está infernizando a vida no trabalho – agressões psicológicas que minam a autoconfiança, crueldade nas relações profissionais –, a "guerra no escritório", que é o tema do momento em seminários internacionais.

Inclusive no Brasil. Uma pesquisa feita pela consultoria Mind Performance mostrou que a principal reclamação dos empregados é...os outros funcionários. Trinta por cento dos profissionais têm problemas com seus colegas – pessoas puxando o tapete, chefes opressivos que fazem os outros se sentirem inferiores. O ambiente de trabalho se torna pesado, contaminado com fofocas: como um empregado

Líderes em Desequilíbrio

Uma pesquisa em 1998 com executivos em nove estados:

95% não têm visto os filhos crescerem

89% têm insônia

89% são frustrados com a carreira

91% tomam calmantes

97% temem perder o emprego

85% não tiram férias regulares

Só 10% se dizem bem-casados.

"As pessoas estão muito doentes. As empresas precisam urgentemente ajudar a melhorar a qualidade de vida de seus funcionários."

[consultor Emir Engers, da Executive Recursos Humanos]

descreveu, "parece uma nuvem negra, dá para cortar o ar com uma faca". Resultado: queda na produtividade, perda de tempo, energia e dinheiro – e doenças relacionadas ao estresse.

OPRESSÃO FATAL

Empregados humilhados sofrem mais de hipertensão, dores no peito, falta de ar, enjôos e graves doenças psicológicas. Mulheres são mais humilhadas do que os homens e pensam mais em suicídio.

"O chefe que ironiza, faz piadas sobre o subordinado, que obriga que seus funcionários façam um trabalho que não será utilizado, está cometendo psicoterror, ou assédio moral."

[estudo realizado pela dra. Margarida Barreto, PUC-SP]

"Eu percebi que minha gastrite era um dos resultados da situação no trabalho."
(agente cultural, SP)

MAIS INFORMAÇÃO: "ESTRESSE CIBERNÉTICO"

Uma outra grande fonte de estresse atual é o assim chamado "estresse cibernético", ou "síndrome de fadiga de informação".

Fatos demais. Canais de televisão demais. E-mails demais. Mais gravações digitalizadas de diferentes apresentações da Quinta Sinfonia de Beethoven do que o próprio Beethoven jamais poderia ter ouvido em toda a sua vida. Coisas demais para ter que escolher.

Percentual de pessoas que terminam de ler o livro que compraram: 10%

A maior parte das pessoas sente-se atordoada por esse excesso de informações, sem tempo de ler o que deveria, sufocada pela avalanche que chega via jornais, revistas, rádio, TV, fax e internet. Uma edição de hoje do *New York Times* ou da *Folha de S.Paulo* contém mais informações do que um habitante da Inglaterra do século XVII recebeu durante a sua vida inteira!

Estatísticas mostram que o volume de informação disponível dobra a cada 72 dias!

Segundo o neurologista Cláudio Guimarães dos Santos, "para que o cérebro seja capaz de captar e armazenar as informações que recebe, ele precisa de um tempo, como uma espécie de digestão. O excesso de estímulos não metabolizados pode ser nocivo porque as pessoas tendem a perder a noção do sentido de suas vidas".

Um estudo feito por pesquisadores da Britain's Benchmark Research, com 1300 executivos em cinco países, mostrou que 4 entre 10 executivos sofrem da "síndrome de fadiga de informação", 49% não dão conta do volume de informação que recebem... 65% acham que o excesso de informação está prejudicando a vida familiar e 94% são pessimistas – eles não acham que a situação vá melhorar.

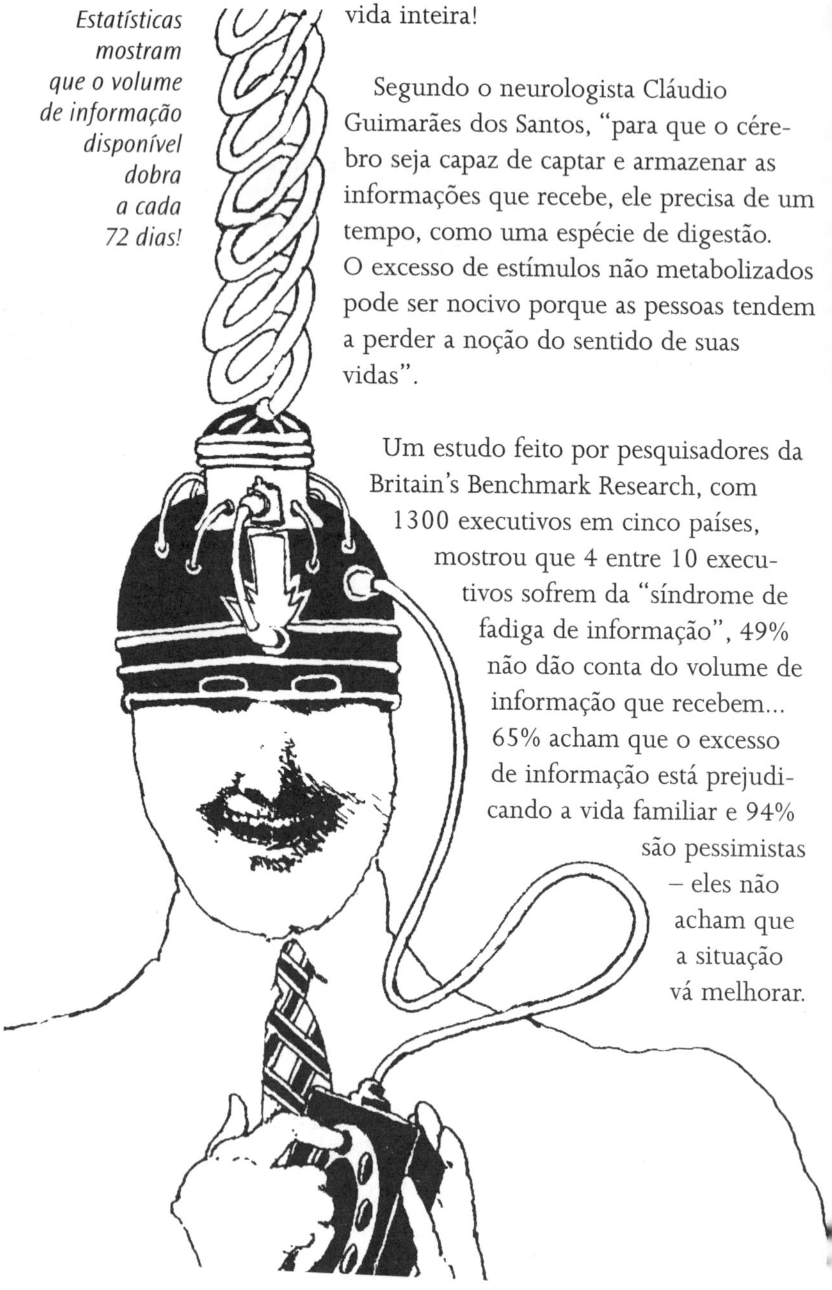

Os médicos observam que a comunicação em alta velocidade por meio de bipes, celulares, secretárias eletrônicas e internet provoca insônia, ansiedade, indecisão, e um tipo de pane mental na qual a pessoa perde a noção do que está fazendo – sintomas clássicos de estresse.

A única solução pode ser aquela adotada por um executivo francês, que resolveu o problema à bala – deu um tiro no computador!

MAIS ACELERAÇÃO: TECHNOSTRESS

Café instantâneo. *Replay* instantâneo. Satisfação instantânea. Intimidade instantânea. Pessoas apertando o botão de fechar as portas do elevador, impacientes pela espera de cinco segundos que parecem uma eternidade. As redes de televisão, cortando a fração de segundo de tela negra entre as mudanças de imagem, assim como os nadadores olímpicos raspam seus corpos, para poderem ganhar alguns milissegundos a mais de precioso tempo. Não admira que a nova droga do momento seja a *Ice*, uma anfetamina que acelera radicalmente os batimentos cardíacos, os reflexos e o raciocínio.

"Agora você precisa correr o mais que puder para ficar no mesmo lugar. Se você quiser chegar a algum outro lugar, você precisa correr pelo menos duas vezes mais rápido."

[A rainha de "Alice no país das maravilhas"]

Estamos numa corrida. A vida no início do novo milênio exige reflexos rápidos, surfar nos canais, apertar o botão *fast-forward*. Até mesmo Bill Gates, com todos os seus bilhões, se queixa: "Parece que o mundo todo opera em intervalos de cinco minutos".

Desde o famoso livro de Alvin Toffler, *O choque do futuro*, temos sido alarmados pelo efeito das mudanças em nossas vidas: não por aquilo que elas irão trazer, mas pelo ritmo acelerado no qual ocorrem. E, assim como acontece com o *cyberestresse*, a maioria das pessoas é pessimista: elas não acham que a situação vá melhorar. Estima-se que as mudanças entre 2001 e 2004 serão tão intensas quanto aquelas que ocorreram entre 1964 e 2000: 35 anos de mudanças em quatro curtos anos.

CRIANÇAS COM PRESSA

"Pesquisas feitas com crianças criadas com o computador mostram que o limite de paciência delas é muito baixo. Elas não suportam nada que não se resolva imediatamente. Elas se irritam com qualquer atividade demorada. O resultado é que estão apresentando cada vez mais problemas na escola, que virou um tédio para essas crianças. A tecnologia está mudando nossa percepção de tempo."

[psicólogo Larry Rosen]

"A tecnologia tornou-se um rápido batimento cardíaco, comprimindo o trabalho doméstico, viagens, entretenimento, espremendo mais e mais dentro do mesmo tempo alocado", diz o historiador social Theodore Zeld. "Ninguém esperava que isso criaria a sensação de que a vida está movendo-se rápido demais."

"As pessoas não sabem mais o que é relaxar, sair de férias, tirar um dia de folga. Ficam totalmente perdidas."

[psicólogo Larry Rosen]

Tão rápido que não conseguimos mais acompanhá-la. Segundo a psicóloga Tieko Murakoshi, "a estonteante velocidade das informações deixa

as pessoas perplexas e inconsistentes, tornando-as menos produtivas, menos capazes e menos felizes".

Uma das maiores autoridades mundiais sobre a relação entre o ser humano e a tecnologia, o psicólogo Larry Rosen, alerta que o avanço acelerado na tecnologia tem um lado negro. "Fazemos cada vez mais coisas, estamos mais irritados do que nunca e, por incrível que pareça, nosso tempo é cada vez mais curto. Todas essas reações à tecnologia nos estressam – geram nervosismo, ansiedade. Chamamos essa tensão de *technostress*.

É o mal da pós-modernidade. Todas as pessoas do mundo – da criança ao idoso, do executivo ao empregado – sofrem com isso."*

"Em pouco tempo", diz o jornalisa científico James Burke, "o ritmo de mudança será tão alto que para qualificar os humanos numa única disciplina – definindo aquilo que são e o que fazem ao longo de suas vidas – será tão ultrapassado como usar pena e pergaminho para escrever. O conhecimento estará mudando demasiadamente rápido para esse tipo de coisa. Teremos que nos recapacitar constantemente a cada década, apenas para manter um emprego."

* "Tecnologia cansa", *Veja*, 8/11/2000.

"Vou me matar. Eu deveria ir à Paris e pular da torre Eiffel. Estarei morto. Você sabe que, na verdade, se eu pegasse o Concorde eu estaria morto três horas mais cedo, o que seria perfeito. Mas, espere um minuto. Com a mudança de fuso, eu poderia estar vivo em Nova York por seis horas, mas morto em Paris por três horas. Eu poderia então fazer as coisas que tenho que fazer, e eu poderia estar morto também."

[Woody Allen]

MITO 1: OS HOMENS SE ESTRESSAM MAIS DO QUE AS MULHERES

Falso! Na realidade, a mulher sofre mais. O estresse afeta quase duas vezes mais mulheres que homens, em todas as idades. Entre as crianças estressadas, aproximadamente 80% são meninas e 20% meninos; entre adultos, 65% mulheres e 35% homens.*

ESTRESSE DE SAIAS

O estresse afeta quase duas vezes mais mulheres que homens, em todas as idades.

A psicóloga Marilda Lipp diz que "cada vez mais cedo as meninas despertam para a sensualidade, competem com as coleguinhas e preocupam-se com a estética". E as pressões aumentam para a mulher que trabalha fora de casa. "O marido quer ser paparicado, as crianças precisam de atenção, a casa deve funcionar e o rendimento precisa ser no mínimo igual ao dos colegas para lhe garantir reconhecimento profissional." O estresse foi tão grande para a executiva de marketing Luciana que ela teve problemas de estômago, enxaqueca, cistos no ovário e uma inevitável queda de produtividade.

*Pesquisa realizada pela PUC, Campinas.

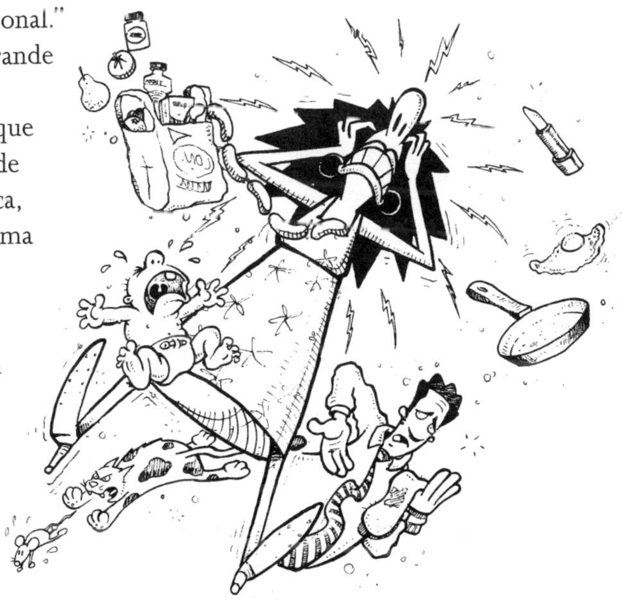

O QUE SE PASSA DENTRO DE NÓS QUANDO ESTAMOS ESTRESSADOS

O curioso nisso tudo é que, se não fosse pelo estresse, não haveria ser humano – ou mesmo qualquer criatura – neste planeta. O estresse é uma reação biológica em todos os animais, desenvolvida através de milhões de anos de evolução, para salvar suas vidas numa emergência.

Imagine que você é uma zebra. Um leão acabou de pular em você, rugindo e prestes a retalhar o seu estômago, e você precisa dar no pé rápido, se é que ainda quer ver o sol nascer amanhã. Você está bastante estressada. Instantânea e instintivamente o seu corpo fica pronto para "lutar ou fugir" – nesse caso, pular fora já.

O seu cérebro ativa o sistema nervoso simpático que, por sua vez, ativa as glândulas supra-renais. A adrenalina, hormônio do estresse, é secretada no sangue para colocar seu corpo em marcha.

Em 2,5 segundos, seu corpo passa por 1400 reações físico-químicas que fazem de você um super-humano – ou, nesse caso, uma superzebra.

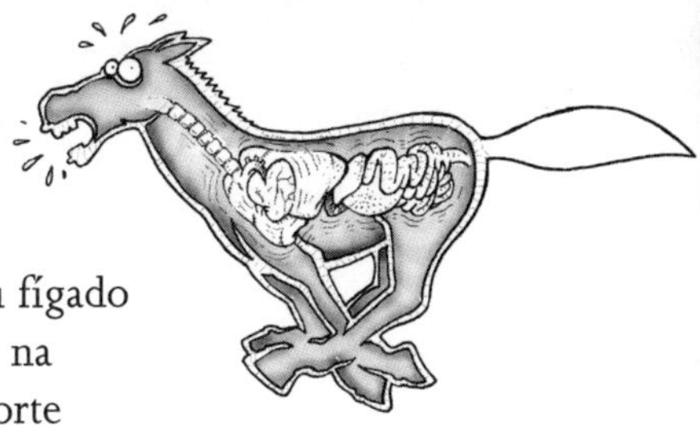

Seu coração começa a bater mais rápido e seus pulmões respiram mais rápido para lhe dar mais oxigênio. Seu fígado usa o glicogênio que está armazenado na "prateleira" e o transforma em superforte glicose, para lhe dar energia instantânea. (A adrenalina é tão poderosa que apenas uma de suas moléculas converte 100 milhões de moléculas de glicogênio em açúcar!)

No caso de o perigo persistir e você precisar de ainda mais energia, suas supra-renais secretam um outro hormônio do estresse, o cortisol, e seu fígado começa a mobilizar suas reservas de gordura da "prateleira" para queimar mais combustível. O seu cérebro vai a mil por hora, de modo que você possa pensar

rápido nessa emergência. Os seus músculos contraem-se formando uma couraça, para protegê-lo(a) dos ferimentos. O seu sistema imunológico é colocado em alerta para que não haja inflamação no caso de ferimento.

E deu certo. Você deu o fora rápido. Agora o leão é que está estressado porque está atrasado para o almoço.

É, a resposta ao estresse realmente funcionou muito bem enquanto você era uma zebra. E funciona muito bem quando você está atravessando uma rua e ouve uma buzina tocando para você – seus músculos tensionam-se, seu coração e respiração aceleram-se e, com uma explosão de energia super-humana, você dá um salto para trás quando um carro tira uma fina do seu corpo. Ufa! Essa foi por pouco....

A RESPOSTA NEANDERTHAL

Mas imagine essa maciça reação fisiológica acontecendo no seu corpo todos os dias, muitas vezes ao dia, sem nenhuma "luta" e sem nenhuma "fuga". E agora use sua imaginação e visualize as seguintes cenas:

É o início da história humana, um milhão de anos atrás, e o Homo Sapiens sai de sua caverna para ver o sol nascente colorindo o horizonte. De repente ele ouve um ruído na floresta. Seus músculos tensionam-se, seu coração sente uma pancada, sua respiração torna-se rápida e assim ele se depara com um tigre dentes-de-sabre. Deveria ele lutar ou fugir? Ele abaixa-se, pega uma pedra pontuda e arremessa-a. O animal rosna, mas desaparece na floresta.

O homem sente seu corpo amolecer, sua respiração torna-se fácil. Ele retorna à sua caverna para descansar...

Um milhão de anos depois... É o início de outro dia de trabalho, e o Homo Sapiens sai de seu edifício para o barulho da "hora do rush," momento de maior tráfego nas ruas. Ele abre seu caminho através da multidão e chega na esquina bem a tempo de ver seu ônibus partir. Atrasado para o trabalho, abre a porta do escritório e encontra seu chefe caminhando de um lado para outro. O chefe grita: "Seu relatório foi prometido para uma hora atrás, e o cliente está furioso! Se quiser manter seu emprego, você deve ter uma boa explicação! E, aliás, pode esquecer das suas férias neste verão!".

O homem olha para um peso de papéis sobre a mesa, sentindo o ímpeto de arremessá-lo no seu opressor. Em vez disso senta-se, com o estômago agitado, os músculos das costas tensos e a pressão arterial subindo. Ele procura um Valium na escrivaninha e o toma com uma aspirina. Mas não adianta. Sente-se péssimo.

Com o excesso de trabalho, conflitos interpessoais, problemas financeiros, doença ou morte na família, estamos reagindo aos desafios dos dias atuais com a resposta fisiológica de um homem de Neanderthal. Porém, diferentemente dos nossos ancestrais das cavernas, não podemos fugir de nossos problemas, nem lutar fisicamente contra eles. Então, enfrentamos tensões contínuas contra as quais não podemos reagir com a atividade física.

O empregado que é constantemente criticado pelo seu chefe, o estudante sob contínua pressão por excesso de trabalhos escolares e provas, a dona-de-casa aflita, ouvindo as repetidas reclamações do marido, todos mobilizam uma intensa energia: seus músculos ficam tensos, suas respirações tornam-se irregulares, seus corações aceleram-se.

Mas, embora estejam preparados para uma explosão de atividade, não podem liberar essa tensão acertando o marido ou o chefe com um cinzeiro na cabeça ou então sair correndo. Eles não queimam todos os açúcares e gorduras liberados pelo fígado – não fazem uso de toda energia despertada numa atividade física vigorosa, para depois relaxar. Então, o que acontece?

PEQUENAS TENSÕES DIÁRIAS: PIORES DO QUE GRANDES TRAGÉDIAS

Pesquisas recentes mostram que as pequenas tensões diárias causam mais distúrbios do que as maiores crises da vida, como a perda do emprego, o divórcio e a viuvez. O psicólogo Richard Lazarus, da Universidade da Califórnia, em Berkeley, descobriu que aborrecimentos crônicos diários, como pais doentes, colegas irritantes, engarrafamentos e longos trajetos de ônibus, são mais estressantes do que eventos grandes e dramáticos.

Um levantamento com mais de 200 policiais na Flórida descobriu que o trabalho de rotina no escritório é mais estressante do que o perigo da violência nas ruas!

DOENÇAS RELACIONADAS AO ESTRESSE

O rápido batimento cardíaco da reação ao estresse pode resultar em palpitações e doenças do coração, e a respiração rápida pode resultar em problemas respiratórios. Todas as gorduras liberadas pelo fígado permanecem na corrente sangüínea, bem como a adrenalina, que atua como um Superbonder, colando essas gorduras às artérias, causando arteriosclerose, hipertensão e enfarte. Os açúcares deixados no sangue sobrecarregam o pâncreas, podendo causar, ao longo do tempo, diabetes tipo 2. A tensão muscular causa todo tipo de dores, incluindo dor nas costas e cefaléia. Os sistemas imunológicos deprimidos tornam-nos vulneráveis a resfriados, infecções como herpes, úlcera e até mesmo câncer.

75% dos casos de dor de cabeça são causados pelo estresse.

CORTISOL MATA NEURÔNIOS NO CÉREBRO

Experimentos com ratos estressados demonstram que eles perderam duas vezes mais células cerebrais no hipocampo, na área da memória, do que os ratos não-estressados!

E a constante superestimulação do cérebro pelos hormônios do estresse, especialmente pelo cortisol, tem efeitos notadamente nefastos – incluindo-se a ruína da memória.

Segundo um dos mais conhecidos especialistas americanos em neurociência, o dr. Robert Sapolsky, da Universidade de Stanford, Califórnia, a secreção do cortisol a longo prazo é tão tóxica que mata milhões de neurônios de uma parte do cérebro chamada hipocampo, responsável pela memória e pelo aprendizado. Grande parte da perda de memória que as pessoas normalmente relacionam ao envelhecimento pode estar sendo causada, na verdade, pelo banho tóxico dos hormônios do estresse no cérebro. Segundo Sapolsky, isso pode causar senilidade precoce ou um tipo de demência.

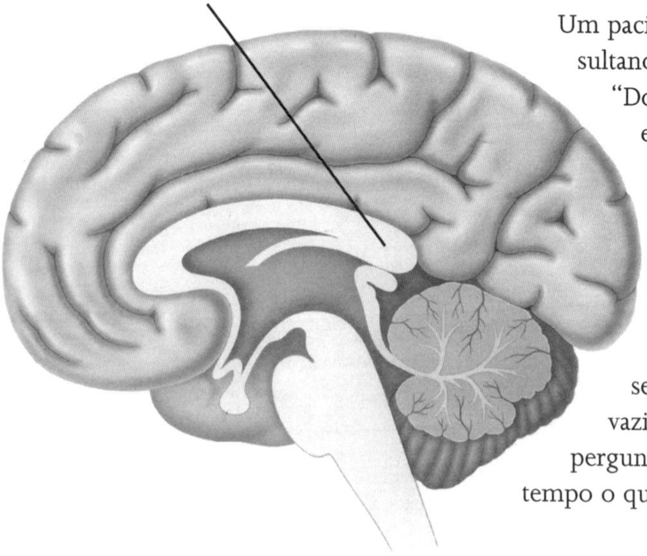

Um paciente estressado consultando seu médico, diz: "Doutor, eu acho que estou com amnésia". No que o doutor retruca: "Amnésia meu filho? Há quanto tempo?". O paciente então lança por alguns segundos um olhar vazio para o médico, e pergunta: "Há quanto tempo o quê, doutor?".

ESTRESSE PSICOLÓGICO

Diferentemente dos tigres e das zebras, a maior parte do nosso estresse é mental. Visto segundo a perspectiva da evolução, o estresse psicológico é uma invenção recente. Nós, humanos, raramente somos obrigados a escapar de um predador faminto, mas, por outro lado, o mero pensar no nosso chefe pode evocar a mesma resposta ao estresse. Muito do nosso estresse não vem de ameaças às nossas vidas, mas sim aos nosso egos, à nossa auto-importância. O nosso estresse é emocional e social.

ENVENENAMENTO POR ESTERÓIDES: A TRISTE HISTÓRIA DO SALMÃO

O hormônio do estresse, cortisol, pode de fato salvar nossas vidas numa emergência. Mas pode também matar-nos, uma vez que é um dos venenos mais poderosos em nossos corpos.

Um estudo nos EUA mostrou que, num grupo de pessoas sentadas juntas, a simples discussão de uma suposta visita de suas sogras às suas casas, fez com que o nível de adrenalina em suas correntes sangüíneas aumentasse, e elas sofressem deterioramento celular devido ao estresse!

[psiquiatra Thomas Holmes, Un. de Washington, EUA]

Ao longo do tempo, a super-secreção de cortisol pelas glândulas supra-renais rompe os próprios tecidos no esforço de gerar energia para "lutar ou fugir", levando a um resultado desastroso. As doses contínuas de cortisol liberadas causam um envenenamento esteróide, fenômeno idêntico ao que ocorre quando as pessoas são mantidas por demasiado tempo sob uso de medicação esteróide.

Você se lembra da jornada fantástica do famoso salmão? Esse lindo peixe, róseo brilhante, habita as águas geladas dos mares do Norte e nada valentemente rio acima, contra o fluxo das velozes corredeiras das montanhas, para alcançar a nascente do rio, pulando cachoeiras de cinco metros em assombrosos feitos de acrobacia aquática. Quando os salmões alcançam as piscinas nos topos das montanhas, eles acasalam-se e então morrem. Morrem de envenenamento esteróide.

A energia do "superpeixe", usada para vencer a gravidade em suas longas e árduas jornadas, foi derivada da super-secreção de enormes quantidades de cortisol. Autópsias nos salmões mostraram glândulas supra-renais tremendamente inchadas, com seu equilíbrio endócrino totalmente transtornado, seus orgãos internos ulcerados e repletos de infecções devido aos seus sistemas imunológicos enfraquecidos.

Todos os salmões que foram capturados pelos zoólogos, e que tiveram rapidamente uma parte de suas glândulas supra-renais removidas, de modo a diminuir a secreção de cortisol, sobreviveram. Quantos de nós não somos como aqueles lindos salmões? Quantos de nós não estamos exaurindo os nossos sistemas endócrinos em nossa batalha por sucesso "montanha acima", ou simplesmente pela sobrevivência?

Mas isso não é tudo.

ESTRESSE AFETA A ALTURA DOS FILHOS

Crianças de famílias em crise, marcadas por divórcios e ambientes tensos, têm menor altura quando comparadas com a média, segundo pesquisas na Faculdade de Medicina de Londres. Conflitos familiares podem provocar tanto estresse que não só comprometem o crescimento físico das crianças, como também afetam as regiões do cérebro ligadas à memória e ao aprendizado, prejudicando o desempenho escolar e, mais tarde, no emprego, quando se tornarem adultas. Brigas e hostilidade doméstica podem prejudicar os filhos por toda a vida.

[de uma reportagem de Gilberto Dimenstein, Folha de S.Paulo, *22/10/97]*

SISTEMAS SIMPÁTICO E PARASSIMPÁTICO

Você se lembra que a resposta ao estresse ativa o sistema nervoso simpático? E lembra que existem duas metades do sistema nervoso autônomo, o simpático e o parassimpático? Agora vamos conhecê-los um pouco melhor,

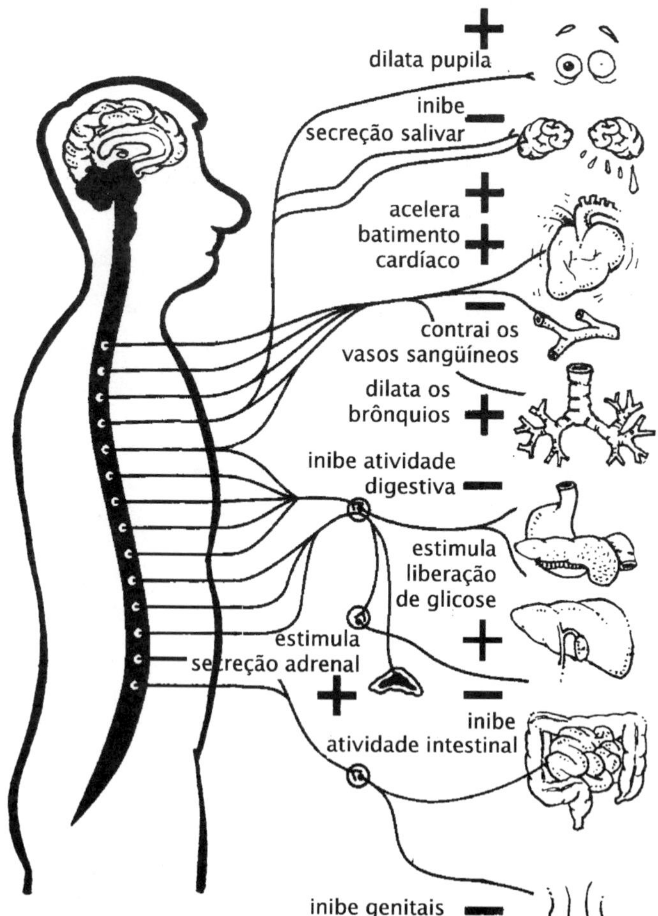

Sistema Simpático

uma vez que eles são a chave para fazer com que o estresse aja a seu favor.

O sistema nervoso simpático irrompe durante emergências; é ativado quando a vida torna-se excitante (como quando seu(ua) namorado(a) se aproxima), ou alarmante (quando seu(ua) chefe se aproxima). É a parte do seu corpo que emite o sinal de SOS, o alerta vermelho, que acelera as coisas, excita e mobiliza para a ação.

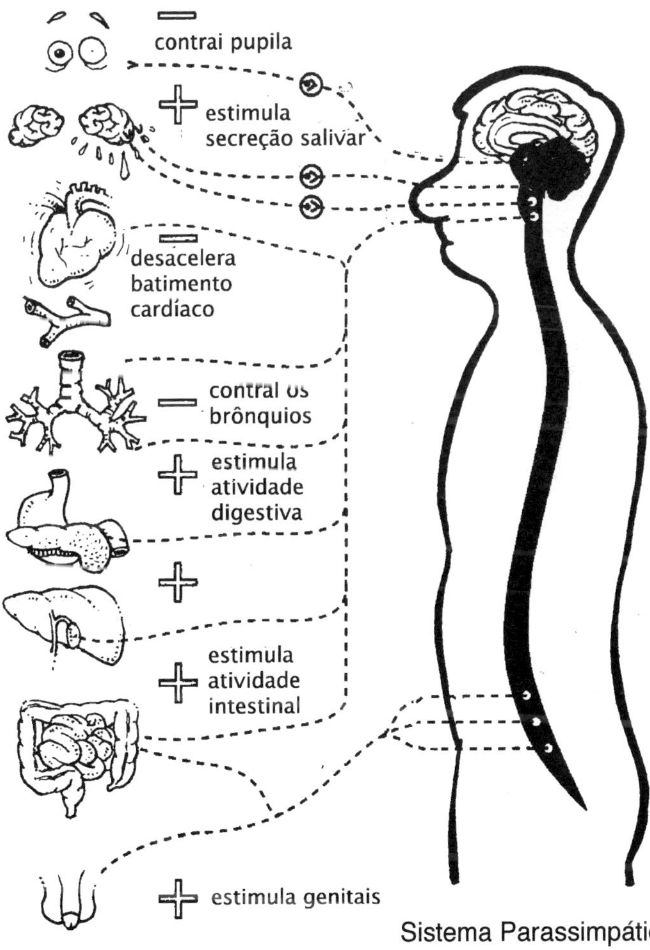

Sistema Parassimpático

O sistema nervoso parassimpático desempenha um papel oposto. Ele promove o crescimento, o armazenamento de energia e a reprodução. Se você tiver ingerido uma deliciosa pizza e estiver refestelado no sofá, prazerosamente sonolento, o seu sistema nervoso parassimpático estará a todo vapor, em total controle. Ele desacelera e acalma as coisas, reparando e restaurando o corpo. Sua responsabilidade é a de cuidar das tarefas "domésticas" regulares, como os movimentos peristálticos do intestino para a digestão.

Esses dois sistemas trabalham em oposição: o simpático acelera o coração e a respiração, o parassimpático os desacelera. O parassimpático

estimula a produção de saliva para melhorar a digestão, enquanto o sistema nervoso simpático inibe o processo digestivo.

O SISTEMA SIMPÁTICO NO COMANDO

Na maior parte do tempo, nossos corpos estão ocupados com a manutenção e a renovação de si mesmos por meio do sistema nervoso parassimpático – o "caseiro" fazendo a "faxina da casa". Mas, quando estamos sob ameaça, numa situação emergencial, quando necessitamos de uma vigorosa explosão de energia para sobreviver, aí então o corpo só tem ouvidos para o sistema nervoso simpático, que nos impulsiona para a ação – para a resposta de "lutar ou fugir".

O sistema nervoso autônomo mantém as funções automáticas do seu corpo (como a respiração) funcionando sem que você precise pensar nelas.

Durante uma emergência, toda a energia normalmente utilizada pelos sistemas digestivo e reprodutivo é redirecionada aos músculos, visando uma ação rápida. Como o dr. Sapolsky diz, "quando uma tempestade está chegando à sua casa, não é hora de pintar a cozinha".

CORTISOL E DEPRESSÃO

*A depressão – outra epidemia dos tempos modernos. Mesmo crianças estão sendo vitimadas. 20% das crianças nas escolas apresentam sintomas depressivos – até crianças de apenas quatro anos já apelaram para facas ou produtos de limpeza para se matarem.**

Podemos pensar que as pessoas deprimidas, sentadas à beira de suas camas, sem interesse em coisa alguma, não têm energia. Ledo engano. Elas estão na realidade intensamente excitadas: suas glândulas adrenais estão secretando níveis anormalmente altos de cortisol, desenfreadamente. Elas estão superativadas, mas a batalha acontece toda dentro delas – uma tempestade mental que, como Freud disse, é uma "agressão voltada para dentro".

Portanto, um dos remédios óbvios para depressão é reduzir a secreção do cortisol.

* *"Depressão leva crianças ao suicídio",* Folha de S. Paulo, *29/3/98*

É por isso que, sob estresse crônico, nossos sistemas digestivos não trabalham tão bem e sofremos de gastrite, úlceras, diarréia ou constipação.

E é por isso que, sob estresse crônico:

– as mulheres produzem menos estrogênio e desenvolvem ciclos menstruais irregulares, além de problemas relacionados à menopausa.

– as pessoas estressadas perdem seu interesse em sexo, e os homens se tornam impotentes.

– as nossas bocas ficam secas quando estamos amedrontados. E é por isso que algumas tribos africanas, quando interrogando um suspeito de algum crime, colocam um ferro quente na boca do mesmo. Se a boca estiver ressecada, o ferro irá queimar e os interrogadores saberão que o suspeito estava mentindo!

CÍRCULO VICIOSO DO ESTRESSE

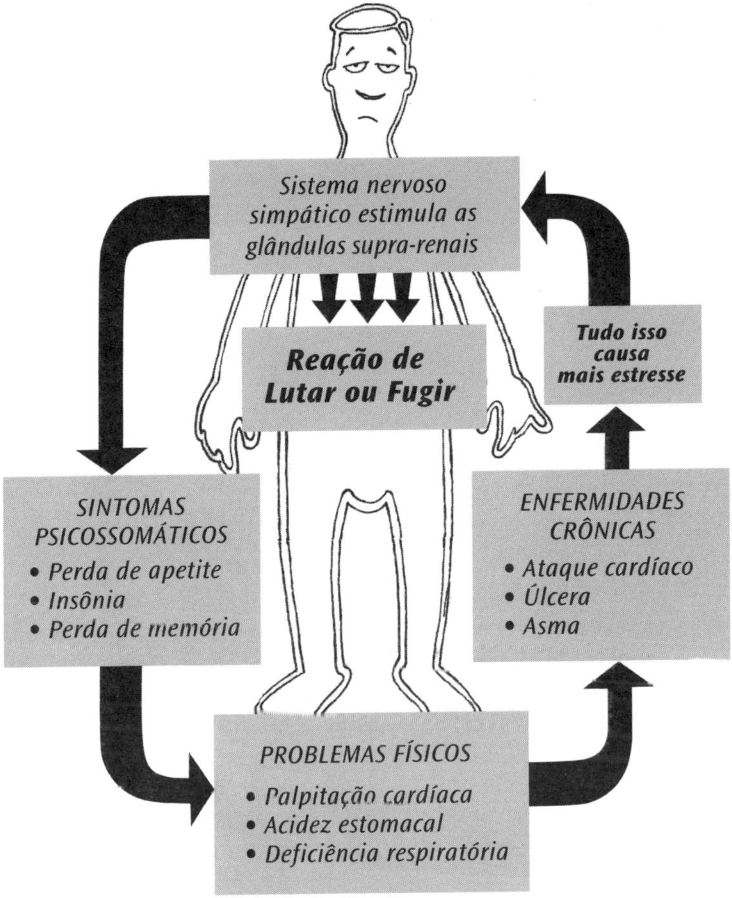

1º ESTÁGIO: PSICOSSOMÁTICO
Perdemos o apetite e a memória, sentimo-nos ansiosos, fatigados e sofremos de insônia. Alguma coisa está errada, mas não sabemos exatamente o quê.

2º ESTÁGIO: FÍSICO
A reação ao estresse causa distúrbios em algum órgão enfraquecido, e problemas físicos reais começam, do tipo palpitação, acidez e dificuldade em respirar.

3º ESTÁGIO: PROBLEMAS CRÔNICOS
Esses problemas resultam em problemas crônicos, como doenças cardíacas, úlcera e asma que, por sua vez, causam ainda mais estresse, instalando um círculo vicioso.

MITO 2: AQUILO QUE É ESTRESSANTE PARA MIM É TAMBÉM PARA VOCÊ

Falso! Durante anos os psicólogos acreditavam que a quantidade de mudança (estressores) nas vidas das pessoas estava diretamente relacionada ao risco de doença. A idéia reinante era: quantidade de estressores = quantidade de estresse = quantidade de risco de doença. Os drs. Thomas

Holmes e Richard Rahe chegaram a desenvolver uma famosa escala de pontuação, atribuindo pontos de 1 a 100 para vários eventos que tivessem acontecido no ano anterior na vida da pessoa, desde a morte do cônjuge (100), divórcio (73), prisão (63), a uma multa de trânsito (11). Quanto mais alta a sua pontuação, maior o risco de você adoecer em breve.

A percepção que se tem do estresse é mais importante do que o estresse em si.

Mas, supreendentemente, logo descobriu-se que muitos daqueles com altas pontuações eram bastante saudáveis, e vários com baixas pontuações estavam bastante doentes. E que muitas pessoas em situações exatamente idênticas responderam de maneira totalmente diferente.

Na mesma situação estressante, algumas pessoas colapsam, enquanto outras não somente não ficam doentes, mas, na realidade, ficam mais fortalecidas e dinâmicas. É como um grupo de pessoas numa montanha-russa. Aquelas na frente do carro estão batendo palmas, curtindo cada momento do circuito – elas não vêem a hora de repetir a dose. Aquelas atrás estão apavoradas com seus olhos fechados e dentes cerrados, não vendo a hora de tudo acabar. A mesma situação, mas diferentes respostas.

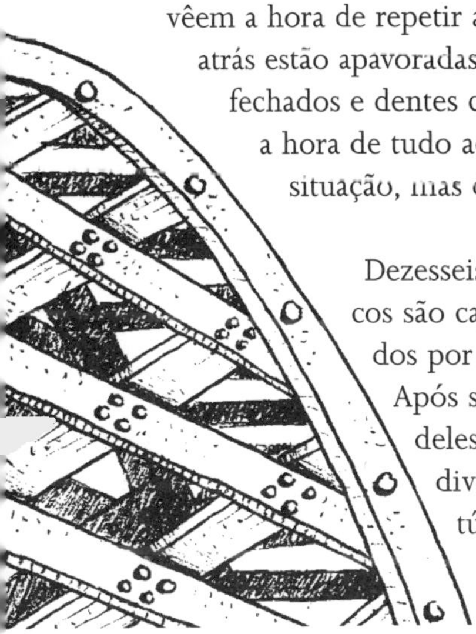

Dezesseis cidadãos britânicos são capturados e torturados por terroristas árabes. Após sua libertação, 15 deles desenvolvem diversos tipos de distúrbios derivados do estresse pós-traumático, que vão desde problemas digestivos e sexuais até psicoses e pesadelos recorrentes. O décimo sexto torna-se um palestrante milionário e autor de um *best-seller*, descrevendo como as torturas serviram para fortalecê-lo e ajudá-lo a se dar conta daquilo que é realmente importante na vida.

TRÊS ASPECTOS DO ESTRESSE

1) Evento estressante
*2) Sua **avaliação interna** do estresse*
3) Reação fisiológica

Muitas pessoas na história têm enfrentado tortura e morte com equilíbrio e equanimidade. Será que elas não ficaram estressadas?

Três pessoas ficam presas num elevador. Uma "tem um troço", a segunda parece sob controle, mas tem um ataque de ansiedade após ter sido resgatada e a terceira permanece calma durante todo o episódio.

Um criminoso cruel e violento, alcoólatra e viciado em drogas, foi condenado à prisão perpétua após ter matado um lojista. Esse criminoso gerou dois filhos, cujas idades tinham 11 meses de diferença. Um deles tornou-se um viciado em drogas, roubando e abusando dos outros, sendo finalmente encarcerado por tentativa de homicídio. Seu irmão, saudável e bem-apessoado, sem vícios, tornou-se o gerente regional de uma grande empresa, com uma adorável esposa e três lindas crianças. Como esses dois irmãos puderam se tornar tão diferentes, apesar de terem crescido no mesmo ambiente?

Quando lhes foi perguntado por que sua vida seguiu esse rumo, ambos responderam exatamente a mesma coisa: "Também, com um pai desses, o que mais você poderia esperar?".

A IMPORTÂNCIA DA ATITUDE

A velha noção de que situações específicas são estressantes por si mesmas tem sido contrariada por novas pesquisas, que mostram que esse estresse não é algo "lá fora". É apenas algo que nós mesmos criamos – dependendo de como interpretamos as situações e como nos relacionamos com o mundo à nossa volta. A reação do nosso corpo depende da avaliação que fazemos daquele determinado evento da vida. Depende da nossa atitude.

Apesar de tudo, como já vimos, a maior parte do estresse de nós humanos é de natureza psicológica, está tudo em nossas mentes. Nossos "tigres-de-dentes-de-sabre" são puramente emocionais. Isto significa que não precisamos ser vítimas passivas desamparadas dos estressores que nos atacam: podemos optar como reagir. Podemos optar por não lutar nem por fugir, mas por fluir.

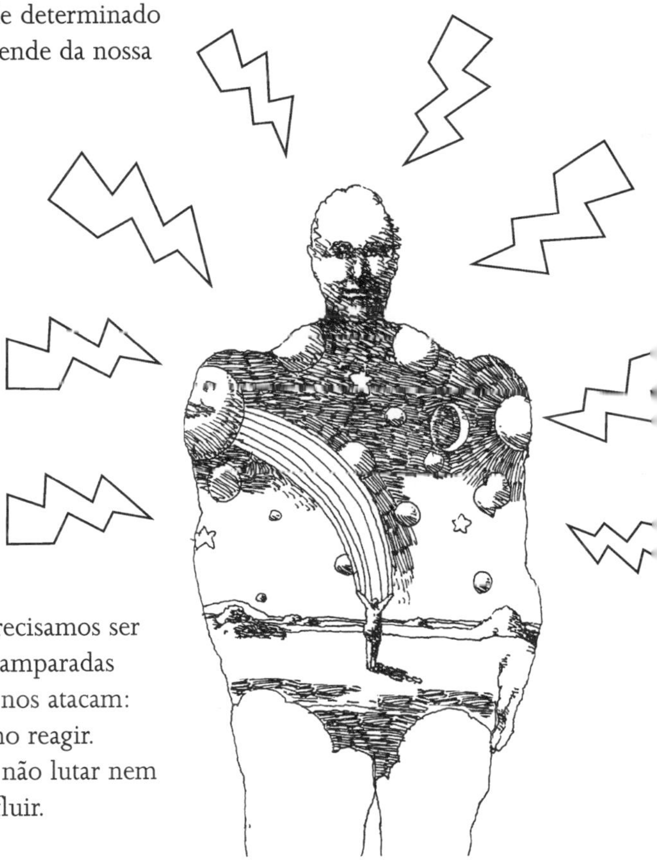

PERSONALIDADE TIPO "A"

Isto nos traz para uma das pesquisas mais importantes sobre estresse nos anos recentes, relacionado à "personalidade tipo A" – uma pesquisa que é essencial para você, que quer levar uma vida saudável e feliz, saber algo a respeito.

Por anos, nos EUA, inúmeros artigos de revistas analisaram as personalidades "tipo A" e "tipo B". O conceito de tipo A foi desenvolvido por dois cardiologistas, Rosenman e Friedman, que postularam que o tipo A tinha um risco muito mais elevado de ataque do coração e outras doenças do que aqueles mais calmos e plácidos tipo B. O tipo A era definido por três características:

1) Sempre com pressa e fazendo várias coisas ao mesmo tempo.
2) Altamente competitivo.
3) Hostil.

Mas, recentemente, o dr. Redford Williams, em um estudo de ponta na Duke University, verificou que fazer coisas rapidamente, fazer muitas coisas ao mesmo tempo e ser competitivo não tem nada haver com adoecer. Pelo contrário, muitas pessoas com essas características são mais bem-sucedidas e sentem-se mais plenas que as outras!

"Sou a pior pessoa para ficar presa num engarrafamento de trânsito. Começo a socar o volante, tocar a buzina, procurar uma saída. Se não consigo encontrar uma fila que esteja andando, começo a subir pelas paredes, o que não é assim tão fácil num automóvel."

[Larry King]

O fator-chave na deflagração da resposta ao estresse que causa doença, descobriu o dr. Williams, não é estar sobrecarregado ou pressionado: é a HOSTILIDADE – tornar-se irritado e negativo com as pessoas e com o mundo à nossa volta.

RAIVA MATA

Raiva mata. Não um ódio ensandecido ou uma fúria inflamada, mas a usual variedade de aporrinhações do dia-a-dia – elevadores que não chegam imediatamente, vagarosas filas de espera nos supermercados ou bancos, carros à frente que atravancam o trânsito, crianças bagunceiras, máquinas que enguiçam. Esse tipo de raiva pode matar você. Isto é, se em resposta a essas irritações diárias, você culpar alguém ou algo, ficar zangado e agir agressivamente. Essa hostilidade habitual é como tomar uma dose de veneno de lenta atuação, a cada dia de sua vida (esse veneno, agora sabemos, é o cortisol). Algum dia, mais cedo ou mais tarde, esse veneno vai liquidar você.

Pessoas hostis, de acordo com o dr. Williams, facilmente deflagram a resposta de "lutar ou fugir" do sistema nervoso simpático, fazendo-o ordenar a secreção de elevados níveis de hormônios do estresse. No seu *best-seller*, *Anger Kills* (Raiva mata), o dr. Williams mostra que as pessoas com um alto nível de hostilidade têm as suas respectivas glândulas supra-renais cronicamente superestimuladas, secretando até **quarenta vezes mais cortisol e quatro vezes mais adrenalina do que aquelas de personalidade tipo B.**

E elas são **cinco vezes mais propensas a sofrer ataques cardíacos e outras doenças do que as pessoas tipo B.**

Lembre-se, você pode viver num mundo de tecnologia em alta velocidade, mudando a uma freqüência altamente elevada, com colegas detestáveis – e você pode estar apressado, pressionado e sobrecarregado de trabalho. Você só não pode ficar fulo da vida no meio disso tudo.

VOCÊ É UMA PERSONALIDADE DO TIPO "A"?

Preencha o questionário que se segue e analise se você é tipo A ou tipo B.

1) A pessoa que corta meu cabelo acaba cortando mais do que eu queria.

a. Acabo achando que o cabelo vai crescer de qualquer jeito mesmo e resolvo dar minhas instruções mais enfaticamente da próxima vez.

b. Digo para ela que foi uma droga de corte.

2) Aconteceu de, em certas ocasiões, eu ficar muito zangado com alguém.

a. Sempre fui capaz de me conter antes de agredir a pessoa.

b. Em certas ocasiões agredi a pessoa ou lhe dei um safanão.

3) Algumas vezes discuto com um amigo ou parente.

a. Raramente uso palavrões.

b. Acho que palavrões são ferramentas eficazes.

4) Estou preso no trânsito.

a. Geralmente não fico particularmente transtornado.

b. Logo começo a ficar irritado e incomodado.

5) Um motorista me dá uma fechada no trânsito.

a. Fico lá atrás, longe desse motorista.

b. Geralmente pisco os faróis ou toco a buzina.

6) Alguém me trata de forma injusta.

a. Normalmente levo pouco tempo para esquecer.

b. Sou capaz de ficar pensando nisso por horas.

7) Estou preso numa lenta fila de banco ou de supermercado.

a. Raramente me dou conta da espera.

b. Geralmente fico irado com as pessoas que estão demorando na minha frente.

8) Um elevador pára por muito tempo no andar acima do qual estou esperando.

a. Começo a planejar o restante do meu dia.

b. Logo começo a me sentir irritado e incomodado.

9) Estou próximo de alguém que não gosto.

a. Procuro terminar o encontro o quanto antes.

b. Acho difícil não ser rude com ele(a).

10) Alguém critica algo que fiz.

a. Procuro analisar se a crítica é justificada.

b. Isso me incomoda.

11) Estou envolvida(o) numa discussão.

a. Concentro-me bastante, de modo que possa comunicar meu ponto de vista.

b. Posso sentir meu coração disparando e minha respiração ofegante.

12) Houve momentos no passado em que fiquei realmente com muita raiva.

a. Nunca arremessei objetos ou bati uma porta.

b. Houve ocasiões em que arremessei algo ou bati a porta.

13) A vida é cheia de pequenos aborrecimentos.

a. É verdade, mas acabo não ligando muito para eles.

b. Com certeza! Freqüentemente eles se tornam uma chateação.

14) Alguém me dá um esbarrão numa loja.

a. Encaro isso como algo acidental.

b. Sinto-me irritado com a falta de jeito da pessoa que esbarrou.

15) Em algumas ocasiões tenho que trabalhar com pessoas incompetentes.

a. Concentro-me fazendo a minha parte do trabalho.

b. Ter que trabalhar com elas me deixa injuriado.

16) Na maioria das discussões que tenho, os papéis são sempre os mesmos.

a. A outra pessoa está mais zangada do que eu.

b. Sou o(a) mais zangado(a).

Conte um ponto para cada resposta "b". Se sua contagem total for maior do que 4, então seu nível de hostilidade está elevado o bastante para aumentar seu risco de problemas de saúde.

[extraído do livro *Anger kills*, do dr. Redford Williams]

MITO 3: OS *WORKAHOLICS* DEVEM DESACELERAR SENÃO FICARÃO DOENTES

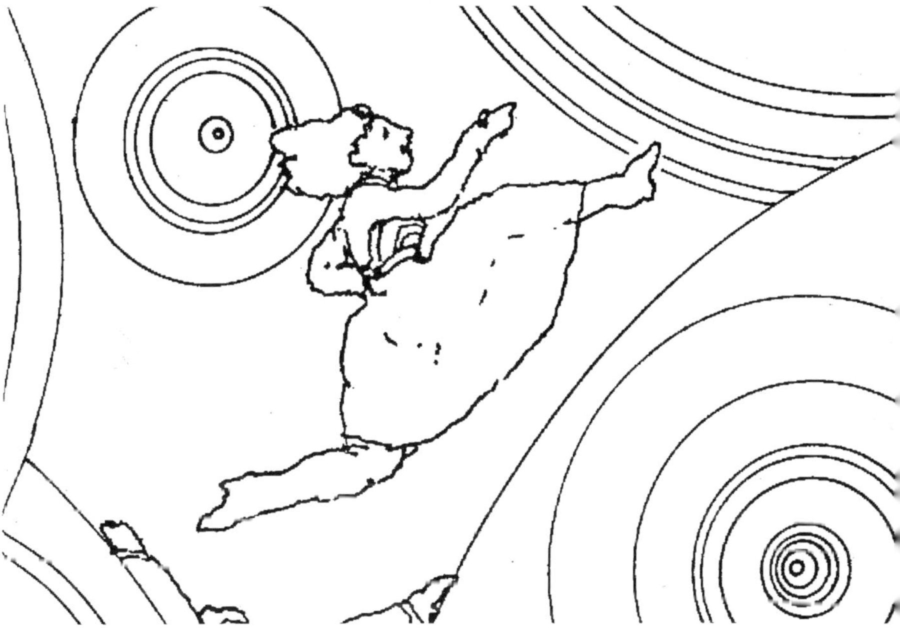

Falso! Pesquisas recentes mostram que muitos *workaholics* estão muito satisfeitos com suas vidas e que as pessoas que trabalham longas horas "por uma causa maior do que elas mesmas" tendem a ter uma elevada sensação de bem-estar. Pessoas que dão duro e se sustentam com seu próprio trabalho freqüentemente são mais saudáveis do que quaisquer outras.

Na realidade, não é sobrecarga de trabalho ou estresse que nos torna doentes – é a nossa RESPOSTA à sobrecarga e ao estresse.

PERSONALIDADE RESISTENTE AO ESTRESSE

A psicóloga Susan Kobasa, nos EUA, estudou centenas de advogados, executivos e donas-de-casa sob o estresse, e não encontrou qualquer relação entre eventos estressantes e doenças. A única correlação encontrada foi a atitude. Aqueles que sobreviveram e chegaram até a prosperar sob intenso estresse tinham três características em comum, que chamamos de os "3D's".

1) DESAFIO

Eles vêem a mudança como um desafio, e não como uma ameaça. Um bom exemplo disso são os índios dos EUA que foram forçados a sair de suas aldeias para viver em reservas, somente algumas milhas distantes, onde tinham melhor saneamento e até um "melhor padrão de vida", mas não uma saúde melhor.

Eles tornaram-se doentes e a taxa de mortalidade, especialmente devida à tuberculose, elevou-se fortemente. Por quê? A súbita mudança de seu estilo de vida foi vista como uma ameaça.

"O que conta não é tanto onde você está, mas em que direção você está indo."

[anônimo]

Por outro lado, depois que os comunistas apossaram-se da China, milhares de refugiados políticos chineses foram para os EUA, onde suas condições de vida eram muitas vezes piores do que aquelas dos índios reassentados. Mas prosperaram e progrediram porque viram a mudança como uma grande oportunidade, um desafio positivo. Enxergaram a vida como um desafio, uma luta na qual certamente emergiriam vitoriosos.

Os problemas nos ajudam a crescer e desenvolver. Como diz um provérbio sufi: "Um problema resolvido é tão útil para a mente de uma pessoa como uma espada quebrada no campo de batalha". Problemas são nossos trunfos, nossas armas para ajudar-nos na luta da vida. Eles desenvolvem as nossas mentes para níveis mais elevados de energia e integração.

2) DIREÇÃO DOS PENSAMENTOS NO ASPECTO POSITIVO-OTIMISMO:

O segundo fator é relacionado ao primeiro. Quando encaramos cada situação e cada mudança como um desafio e não como uma ameaça, desenvolvemos o pensamento positivo. Um bom exemplo disso foi o gênio inventor Thomas Edison, que passou anos a fio tentando desenvolver a lâmpada elétrica. Quando finalmente Edison conseguiu, alguém lhe perguntou como ele pôde ter tido tanta persistência de continuar tentando, mesmo depois de ter fracassado dez mil vezes. Ao que ele respondeu: "Eu não fracassei dez mil vezes, eu fui bem-sucedido em encontrar dez mil maneiras que não funcionam!".

Um mau exemplo é o do português que estava tomando aulas de pára-quedismo. O instrutor no avião o ensinou: "Bom, você salta, conta até dez e puxa a corda do pára-quedas principal. Se por alguma razão ele não abrir imediatamente, puxe o cabo do pára-quedas de emergência, e não se preocupe porque vai haver um jipe lá embaixo para levá-lo ao quartel". O português saltou, contou até dez e puxou o cabo do pára-quedas principal. Nada aconteceu. Nervoso, ele puxou o cabo do pára-quedas reserva. Nada. Caindo a centenas de quilômetros por hora, falou consigo mesmo: "Raios! Agora só me falta o jipe não estar lá embaixo para me levar ao quartel!".

FRACASSOS NÃO – SÓ LIÇÕES

"Não há tal coisa como fracasso – apenas lições." Jamais devemos temer o fracasso. Cada fracasso produz mais aprendizado, cada tombo pode expandir as nossas mentes. Se tivermos o vigor para persistir, para continuar a tentar novas estratégias, certamente teremos êxito. Todas as ações, sejam bem-sucedidas ou fracassadas, são experiências valiosas que levam a mais descobertas, lições que expandem o nosso crescimento.

Seja sempre positivo, e transmute mesmo a energia amarga e negativa à sua volta numa harmonia prazerosa, com vantagens para todos.

Isso é apropriadamente ilustrado na história verídica de um cidadão japonês que, em 1938, pegou todas as suas economias e investiu numa oficina, com o intuito de fabricar novos anéis de segmento, que ele planejava vender para a Toyota Corporation. Trabalhando dia e noite, com graxa até a raiz dos cabelos, dormindo na própria oficina – até mesmo vendendo as jóias da mulher para que seu empreendimento pudesse continuar – por quatro longos anos ele labutou e fracassou nas tentativas de enquadrar-se nos rígidos padrões exigidos pela Toyota. Quando finalmente conseguiu o contrato, o governo japonês estava preparando-se para a guerra e se recusou a lhe fornecer o concreto necessário para construir sua fábrica. Mas ele não desistiu – inventou um processo para fazer o seu próprio concreto e construiu sua fábrica.

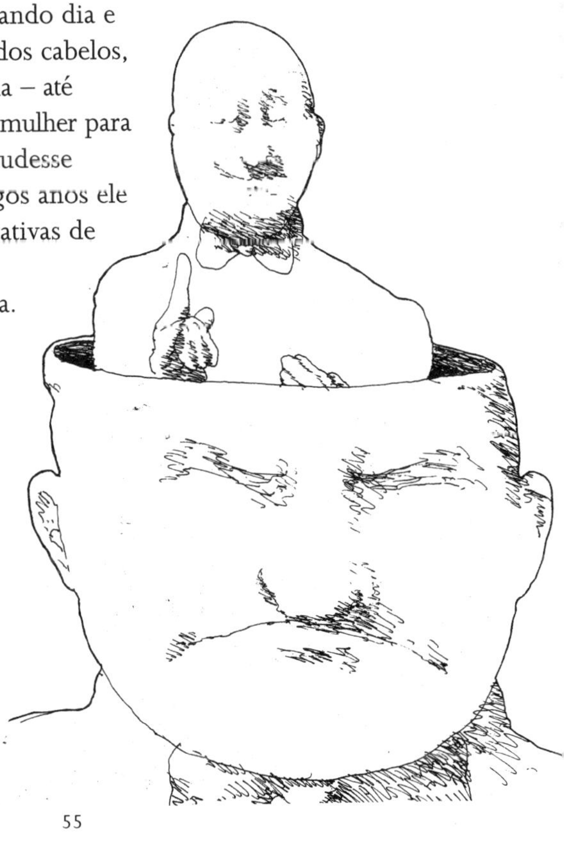

Seja como o pavão, que come até cobras venenosas, digere o veneno e o transforma na sua própria beleza.

A fábrica foi bombardeada duas vezes durante a guerra, sendo praticamente destruída. Usando material oriundo dos escombros da guerra, ele a reconstruiu com muita dificuldade. Então, um terremoto arrasou a fábrica. Foi o golpe de misericórdia. Ele vendeu sua patente para a Toyota. Agora ele não tinha mais nada – nada de fábrica, nada de dinheiro, somente sua determinação. Não tinha nem o dinheiro da gasolina para comprar a comida da sua família, já que o combustível era caro e racionado no período pós-guerra.

Desesperado, acoplou um pequeno motor na sua bicicleta e foi até o mercado. Seus vizinhos lhe pediram se ele não poderia fazer uma "bicicleta motorizada" para eles também. Tantas pessoas pediram isso que, para levantar os fundos para construir uma pequena fábrica, ele pessoalmente escreveu para 18 mil proprietários de lojas de bicicletas, convencendo-os a investir na sua nova invenção. Com o capital adiantado de alguns deles ele tornou-se um sucesso do dia para a noite. Então, nos anos 1970, ele voltou-se para o setor automobilístico.

Seja como a ostra, que em resposta à irritante presença de um grão de areia dentro de sua concha, não só resolve o "conflito", mas muda a irritação para algo de beleza e valor duradouros – uma pérola.

Esse homem era Sochiro Honda. Hoje, a Honda Corporation, uma das maiores montadoras do mundo, emprega 100 mil pessoas. Sochiro Honda tomou todos os reveses como desafios. Para ele não havia fracassos, apenas lições.

3) DEDICAÇÃO A UMA META MAIOR

Pessoas com esse atributo têm um senso de propósito, de significado na vida. Elas estão movendo-se em direção a uma meta mais elevada. Um ideal maior do que elas mesmas.

Um bom exemplo disso foi o dr. Vitor Frankl, psicólogo austríaco que foi aprisionado pelos nazistas, no campo de concentração de Auschwitz, durante a Segunda Guerra Mundial. Ele sofreu torturas desumanas, viu sua família inteira – mulher, filhos, pais e irmã – ser executada nas câmaras de gás e seus companheiros de prisão, ao seu redor, cometendo suicídio ou tornando-se insanos.

Num período de inverno Frankl foi confinado numa solitária, nu e sem comida. E, nessas condições, sozinho e sem roupa, numa cela escura e gelada, ele subitamente deu-se conta de que os nazistas tinham lhe roubado tudo, todas as opções e condições que asseguram a liberdade humana, menos uma: a liberdade de escolher como responderia àquela situação. Frankl percebeu que essa era realmente a única liberdade que ninguém jamais poderia lhe tirar.

Começou então a imaginar-se liberto do campo de concentração depois da guerra, ensinando seus alunos em Viena, inspirado na nova sabedoria adquirida pelo profundo sofrimento que passara na prisão. O ideal de transformar todo o seu sofrimento num serviço positivo deu-lhe tamanha coragem e determinação que ele não só sobreviveu a todas as torturas, mas tornou-se um guia para outros prisioneiros e até para muitos dos guardas nazistas.

Mais tarde, Frankl desenvolveu um novo ramo da psicologia denominado "Logoterapia", baseado na idéia de que é o ato de dar significado (*Logos*) às nossas experiências que pode nos sustentar e nos manter a salvo no decurso de qualquer crise. Frankl é um bom exemplo do que os psicólogos chamam de "transcendentes": em situações difíceis, altamente estressantes, eles podem visualizar-se em outro lugar, ou visualizar-se vitoriosos, a despeito do meio atual em que se encontram naquele momento. São os "transcendentes" que melhor sobrevivem a qualquer estresse ou trauma.

Como Frankl freqüentemente citou: "Aquilo que não me mata me fortalece".

MITO 4: O ESTRESSE TORNA VOCÊ MENOS PRODUTIVO

Falso! Muito pouco estresse pode fazer você tão improdutivo quanto muito estresse. Estresse é a resposta do corpo a qualquer mudança, boa ou ruim, tanto excitante como trágica. Trata-se de uma parte necessária de nossas vidas – não podemos e não devemos eliminá-la.

Sem nenhum estresse ficamos desestimulados, ou até mesmo aborrecidos. Precisamos de um certo nível de estresse para estimular nosso desempenho máximo, para utilizar nosso pleno potencial. A estrutura de nosso sistema nervoso funciona como a corda de um instrumento musical – deve estar suficientemente tensa para produzir um som, mas não tão tensa a ponto de arrebentar.

ESTRESSE BOM – *EUSTRESS*

Portanto, a meta não é "sem estresse". Existe o estresse bom e o prejudicial (em inglês *eustress* e *distress*). O estresse bom nos mantém motivados, inspirados e produtivos. Se não formos submetidos a estresse ou estimulação suficiente, nossos cérebros não se desenvolvem adequadamente.

Na Universidade de Califórnia observou-se que o cérebro, assim como os músculos, cresce e encolhe em resposta às experiências estimulantes. Os cérebros de ratos que foram privados de estimulação adequada tornaram-se menores e a quantidade de neurônios reduziu-se.*

* *The healing brain*, por Robert Ornstein.

De fato, o estresse é necessário para o nosso desenvolvimento. Precisamos de uma certa tensão para evoluir e crescer. Um grupo de cientistas na França realizou um experimento com casulos de borboletas: eles tentaram eliminar o estágio estressante do esforço de sair do casulo: ajudaram as crisálidas a sair mais rapidamente, cortando o invólucro do casulo delicadamente com uma fina lâmina, sem tocar ou danificar a crisálida (a borboleta) dentro do casulo.

Os cientistas ficaram surpresos com o resultado do experimento. As borboletas não só não saíram mais rapidamente – elas nunca saíram. Morreram todas. Os cientistas descobriram que todo o processo de esforço para sair do casulo estimulava a secreção de certas enzimas que são essenciais para transformar o casulo numa borboleta! Assim, o estresse é uma parte essencial do processo de crescimento. Se nos privarmos do estresse, jamais nos tornaremos borboletas.

Assim, nosso objetivo não é o de acabar com o estresse, mas de responder adequadamente. O importante, como já vimos, não é o evento em si, mas como o percebemos. Quando o estresse é percebido positivamente como um desafio, pode despertar o que há de melhor numa pessoa; quando é experienciado como negativo, pode levar à doença.

CARVÃO OU DIAMANTE?

"A diferença entre um diamante e uma rocha de carvão é que o diamante foi um pouco mais pressionado."

[anônimo]

A CURVA DO ESTRESSE

Apatia, acidentes, fadiga, absenteísmo, aumento do uso de tabaco, drogas e álcool.

Na medida em que o estresse se acumula, o nosso desempenho aumenta até um limiar de pico. Além desse limiar, o desempenho declina. Quando o corpo-mente é tensionado além do que é capaz, os problemas começam.

O ponto máximo desse gráfico é o estresse bom, quando estamos no nosso nível máximo de desempenho. Mais do que isso é tudo estresse prejudicial, "morro abaixo". Se não estivermos suficientemente estimulados ou motivados, nosso desempenho é baixo. Se estivermos superestressados, ficaremos exaustos e nosso desempenho também cairá.

"Olhando para trás, minha vida parece uma longa corrida de obstáculos, sendo eu o maior obstáculo."

[Jack Paar]

Em ambos os casos, perdemos o zelo e o interesse por nosso trabalho. E em ambos os casos, tanto de prolongada insuficiência quanto de estresse em excesso, os seguintes problemas aparecem: desânimo, desligamento, fadiga, apatia, insônia, aumento do número de acidentes, absenteísmo, aumento do tabagismo, drogas e álcool. A solução é mover a curva para a direita para nos tornamos "personalidades resistentes ao estresse".

Cada um tem um nível ótimo de estresse. Ter estimulação o suficiente na sua vida, mas não demais, é o segredo para maximizar a sua produtividade e crescimento pessoal.

ESTIMULAÇÃO E RELAXAMENTO

Mas as constantes tensões da vida moderna mantêm a nossa resposta ao estresse continuamente "ON" – ligada. Não temos tempo de nos recobrar de uma situação estressante antes de sermos atropelados por outra, o que nos faz existir num perpétuo estado de superestimulação: "Não consigo me lembrar quando estive relaxado". Sentimos uma fadiga profunda que não passa nem depois de uma noite de sono, nem depois do fim de semana, nem mesmo depois das férias...

Precisamos aprender como responder aos desafios rápida e eficazmente, e então relaxar. A capacidade de responder ao estresse e a capacidade de relaxar são igualmente importantes.

Nossa meta não é ficar de "pernas pro ar", evitar o estresse e jamais ficar física ou mentalmente estimulado. Tanto a estimulação quanto o repouso são respostas saudáveis.

O truque é contrabalançar a ativação com o relaxamento – é saber como "esfriar a cabeça" e "dar um tempo" rapidamente, até mesmo no meio daquelas situações extremamente estressantes das nossas vidas.

Quando ratos são colocados numa gaiola eletrificada e choques moderados são dados em intervalos randômicos (aleatórios), a cada choque seus corpos ficam um tanto avariados sob a resposta do estresse. Não há necessidade de elevar os choques a um nível letal para matar os ratos: depois de alguns dias desse estresse, os ratos morrem. A autópsia mostra que seus tecidos revelam sinais de envelhecimento acelerado. A *causa mortis* não foi o estresse extenso, mas a reação dos ratos – seus corpos mataram-se.

Entretanto, quando foi dado certo tempo para que os ratos que receberam os choques se recuperassem, todos sobreviveram.

Para sobreviver e triunfar sob estresse, neces-

sitamos de um tempo para nos restaurar entre os "estresses", para permitir ao sistema nervoso parassimpático reparar e restaurar nossos corpos e mentes após cada esforço estressante que tenha extrapolado os nossos limites.

Isto significa equilibrar os sistemas nervosos simpático e parassimpático. Aprendendo a acalmar o sistema nervoso simpático e a ativar o sistema nervoso parassimpático, à nossa vontade – ou, em outras palavras, convertendo a RESPOSTA AO ESTRESSE NO SEU OPOSTO, NA

"RESPOSTA DE RELAXAMENTO".

DUAS REGRAS PARA LIDAR COM O ESTRESSE:

REGRA NÚMERO 1:

NÃO SE PREOCUPAR COM NINHARIAS.

REGRA NÚMERO 2:

TUDO É NINHARIA.

DILÚVIO DE DROGAS

Muitas pessoas tentam fazer isso com drogas: "Tome X e logo você vai se sentir bem novamente".

Por isso está chovendo remédios no Brasil. Jamais se consumiu por aqui tantos comprimidos, pastilhas, gotinhas, xaropes – a maior parte é de tranqüilizantes como Lexotan, ou analgésicos como Novalgina ou Tylenol, para relaxar ou para livrar-se das dores causadas principalmente pelo estresse. O Brasil é o quarto maior consumidor de remédios do mundo, atrás apenas dos EUA, França e Alemanha. Os brasileiros gastam 10 bilhões de dólares por ano em remédios, o dobro do que gastam em eletrodomésticos!

O uso de barbitúricos, antidepressivos e anfetaminas para alteração do nosso humor está aumentando de forma alarmante, sendo receitados com uma liberalidade espantosa. Nos últimos dois anos cresceram 43% as vendas do Prozac, o antidepressivo mais popular do mercado – sendo ministrado até para animar cachorros! A nova moda entre as *socialites* é dar Prozac para seus cachorrinhos de estimação, pois assim eles ficam alegres e saltitantes como brinquedos de corda – só que com a "corda toda" o tempo todo!

O BRASIL SE ENTOPE DE REMÉDIOS

Segundo o Organização Mundial de Saúde, o país precisaria de 25 mil farmácias para prestar um bom serviço à população. O Brasil tem 48 mil!

Conforme estudos médicos, uma pessoa normal, com hábitos saudáveis, pode vir a precisar de três caixas de remédio por ano. Os brasileiros estão consumindo de oito a onze delas, adquiridas sem orientação médica, por conta própria. "Estamos comprando muito remédio, e alguns potencialmente perigosos", alerta o ex-secretário nacional de Vigilância Sanitária do Ministério da Saúde, Elisaldo Carlini.*

* "O Brasil se entope de remédios", *Veja*, 11/7/97.

Esse dilúvio de medicamentos freqüentemente produz justamente o efeito oposto. Drogas antidepressivas (como o Lítio e Prozac) aumentam a quantidade de noradrenalina nos nervos e intensificam a excitação do sistema nervoso simpático. Elas causam efeitos colaterais que realmente aumentam a reação ao estresse.

Tomar analgésicos em excesso – com uma freqüência superior a duas vezes por semana – pode afetar o equilíbrio químico do cérebro e desenvolver, segundo o neurologista dr. Abouch Krymchantowsky, um tipo de dor crônica que pode se manifestar até mais do que quinze vezes por mês! Imagine, dor de cabeça provocada por remédio!

Como diz o professor Daniel Sigulem, da Escola Paulista de Medicina, "a natureza resolve sozinha 90% dos problemas de saúde do ser humano e, em geral, pede-se aos médicos apenas que não atrapalhem".

"ME DÁ UM REALCE"

Mas, em vez de confiar na natureza, as pessoas tentam relaxar com cigarros, álcool ou comida. Ou então se energizar com uma xícara de café. Entretanto, esses hábitos acabam só causando mais estresse.

"Tô estressado(a) – me dá um cigarro." Só que a nicotina, ao invés de nos relaxar, na verdade estimula a secreção de mais cortisol, ativando o sistema nervoso simpático, aumentando nossa fadiga. O hábito de fumar enfraquece o sistema imunológico, acelera o envelhecimento e, como todos sabemos, aumenta o risco de problemas cardíacos e de câncer.

"Tô na pior – me dá uma birita." O álcool, na verdade, esgota as reservas corporais de vitamina B, que são essenciais para o sistema nervoso, o que pode resultar em dores de cabeça, incapacidade de concentração, tontura e nervosismo.

Crianças cujos pais fumam têm mais doenças respiratórias, mesmo posteriormente em sua vida adulta.

"Tô caidaço – me dá um café." Achamos que café nos dá energia, mas, na verdade, ele apenas toma emprestado a energia futura. A cafeína superestimula o sistema nervoso simpático, aumentando radicalmente os níveis de adrenalina e cortisol. Bastam apenas duas xícaras e meia de café para dobrar o nível de adrenalina no sangue!

Depois de certo tempo, nossa energia começa a declinar a níveis até mesmo inferiores aos anteriores, de modo que precisamos de mais uma xícara de café para nos animar, começando assim o ciclo vicioso. Esse ciclo é mais extremo com a nicotina e, muito mais ainda, com cocaína e anfetaminas. As pessoas que tomam cinco ou mais xícaras de café por dia têm uma probabilidade três vezes maior de desenvolver problemas de coração. Nossa energia é muito mais constante quando não tomamos cafeína. (A cafeína também é encontrada nos refrigerantes sabor cola, em chocolates e chás.)

COF! COF!

Quem fuma uma carteira de cigarros por dia tem duas vezes e meia mais risco de ataque cardíaco que os não-fumantes.

30% das mortes por câncer de todos os tipos são causadas pelo cigarro.

85% das mortes de câncer de pulmão são causadas pelo cigarro.

O 1º MODO NATURAL: RESPIRAÇÃO DIAFRAGMÁTICA

Então como fazer? Como ativar a "resposta de relaxamento" sem Lexotan, sem Valium, sem uma xícara de café, sem um cigarro, sem uma fatia de torta calórica, de modo que pudéssemos, como diz o dr. Sigulem, "deixar a natureza resolver nossos problemas de saúde"?

A resposta é tão óbvia que você vai se surpreender.

Pela respiração.

"Pela respiração?", você provavelmente vai perguntar. "Mas eu estou fazendo isso o tempo todo! Qual é a grande novidade?". Sim, você está respirando o tempo todo, mas provavelmente não da forma correta – não do modo que pode ajudá-lo(a) a relaxar. Na verdade, são grandes as chances de que a maneira pela qual você respira esteja aumentando o seu estresse.

Respirar corretamente é a chave para o sistema nervoso autônomo e pode eliminar vários distúrbios relacionados ao estresse, tais como hipertensão, depressão, ansiedade, pânico, dores, problemas de menopausa, menstruais, sexuais etc.

RESPIRAÇÃO ABDOMINAL

Todos os bebês nascem com padrões naturais de respiração abdominal, usando o diafragma, um grande músculo abaixo dos pulmões, com formato de domo, como um pára-quedas.

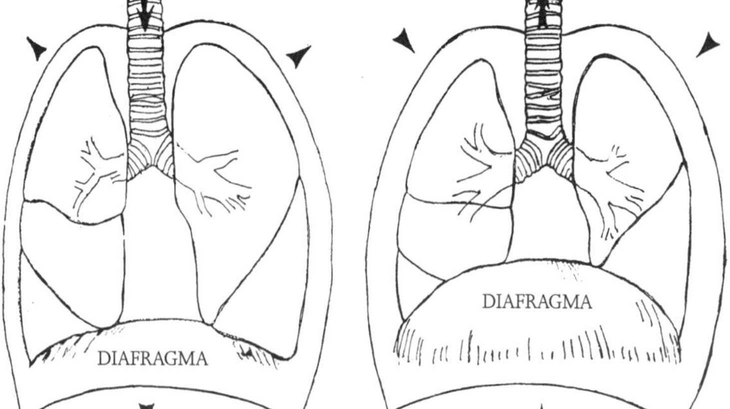

INSPIRAÇÃO EXPIRAÇÃO

Os bebês, assim como os animais, inspiram distendendo o diafragma para baixo, de modo a absorver o máximo de oxigênio nos pulmões, e expiram pela contração do diafragma, puxando-o para cima, de modo a expelir o dióxido de carbono e as toxinas para fora dos pulmões.

Mas, quando estamos estressados, começamos a respirar toracicamente, usando não o diafragma, mas os músculos torácicos do peito, preenchendo assim apenas um terço dos pulmões. Isso automaticamente **estimula o sistema nervoso simpático junto com a resposta "lutar ou fugir"!**

Especialmente nas crianças, quando cronicamente estressadas, os padrões de respiração tornam-se habitualmente "invertidos" – inspirando com o estômago para dentro e expirando com o estômago para fora. O estresse na infância, combinado com os constantes esforços de manter a "barriga pra dentro", criam padrões impróprios de respiração que duram a vida inteira. O diafragma fica contraído para cima, a capacidade dos pulmões é limitada, fazendo com que menos oxigênio seja absorvido.

TESTE SUA RESPIRAÇÃO, AGORA!

Como você está respirando agora mesmo? Vamos fazer um experimento. Coloque uma mão no seu tórax, em cima do peito, e a outra no seu abdômen logo abaixo do umbigo. Qual das mãos está se movendo mais? Focalize sua atenção na mão do abdômen. Você sente algum aperto ou contração? Você está com o seu abdômem encolhido enquanto inspira?

Se a mão que está em cima do peito moveu-se mais, você está respirando INCORRETAMENTE, e uma das coisas mais importantes da sua vida agora mesmo é aprender a RESPIRAR DA MANEIRA CERTA.

Como resultado, somos privados de energia: sentimo-nos continuamente cansados, ansiosos e deprimidos, com concentração e energia mental baixas.

BENEFÍCIOS DA RESPIRAÇÃO DIAFRAGMÁTICA

A respiração diafragmática profunda, sendo a maneira natural de respirar, proporciona muitos benefícios à saúde.

Quando o diafragma move-se na respiração abdominal, todos os órgãos internos são massageados e banhados em sangue fresco, com muito mais oxigênio – especialmente o coração. Pacientes com problemas cardíacos que aprenderam respiração diafragmática reduziram em muito as chances de um segundo ataque do coração. Por conseguinte, a respiração abdominal profunda estimula o corpo todo a funcionar melhor.

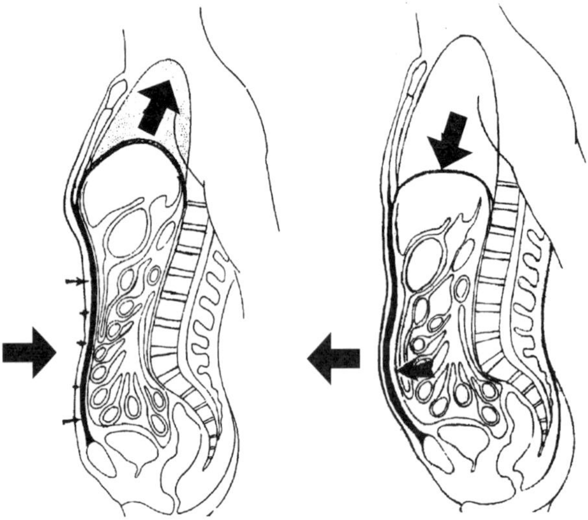

EXALAÇÃO INALAÇÃO

Na inalação, o diafragma move-se para baixo, expandindo os pulmões e empurrando os órgãos internos à frente.

Quando inalamos distendendo o diafragma, empurramos os intestinos para a frente, criando assim um espaço maior na região inferior dos pulmões para o ingresso do ar. Portanto, a respiração profunda aumenta o oxigênio e a energia em relação a respiração mais curta.

Como o dr. Jack Shields provou em experimentos que posicionaram microcâmeras no interior do corpo humano, a maneira mais eficaz de estimular a remoção das toxinas causadoras de doenças no corpo e aumentar a nossa

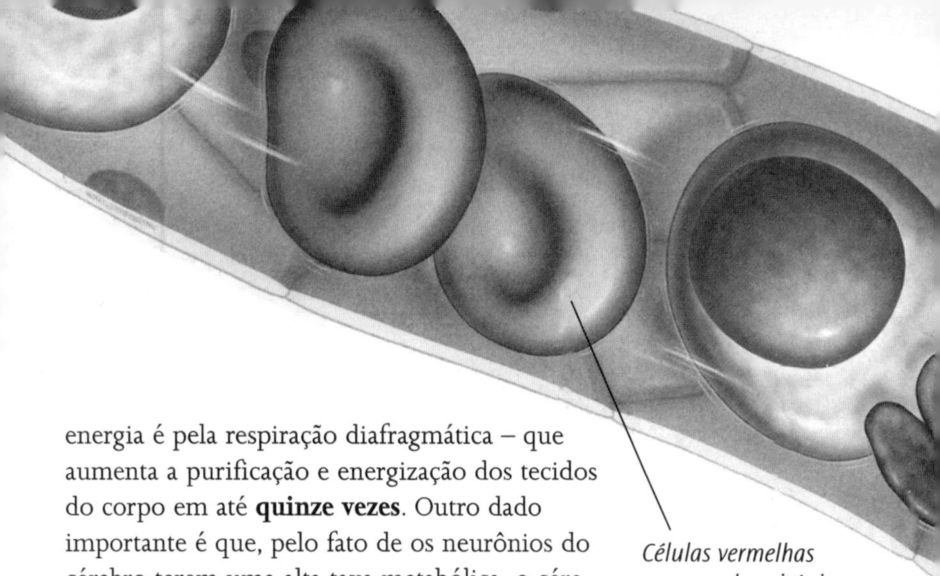

energia é pela respiração diafragmática – que aumenta a purificação e energização dos tecidos do corpo em até **quinze vezes**. Outro dado importante é que, pelo fato de os neurônios do cérebro terem uma alta taxa metabólica, o cérebro consome três vezes mais oxigênio do que o restante do corpo. Quando não recebe o suficiente, nosso pensamento é retardado da mesma maneira que a nossa mente se torna preguiçosa numa sala mal ventilada. Logo, quando respiramos profundamente, pensamos de forma mais clara e concentrada.

Células vermelhas carregando oxigênio.

E, mais importante, **a respiração diafragmática lenta e profunda automaticamente estimula o sistema nervoso parassimpático, de modo que é impossível sentir-se tenso ou ansioso.**

A DIETA DO AR

Como o o dr. Shields enfatiza, "nenhum alimento ou pílula de vitamina é capaz de fazer o que a respiração profunda faz".

RESPIRAÇÃO TORÁCICA (PEITORAL)

Mas, infelizmente, a maioria das pessoas no Ocidente industrializado respira a partir do seu tórax, especialmente aquelas com personalidades "tipo A". A respiração torácica, usando os músculos do tórax em vez do diafragma, é um reflexo fisiológico natural quando estamos assustados ou amedrontados: é o padrão respiratório da resposta ao estresse, estimulado pelo sistema nervoso simpático. É desse modo que respiramos quando estamos estressados – arfamos e encolhemos o nosso abdômen. Por isso, sempre que respiramos com o nosso tórax, sentimo-nos ansiosos. Muitas vezes quando nos sentamos frente a um teclado de computador, automaticamente tensionamos a parte superior do nosso corpo e respiramos toracicamente! E a respiração torácica está diretamente relacionada à doença cardíaca. Num estudo hospitalar, todos os pacientes cardíacos na unidade coronariana estavam respirando toracicamente.*

Não é por outra razão que os povos do Oriente, até recentemente, raramente usaram qualquer tipo de cinto. Até hoje o seu vestuário dá preferência a túnicas inteiras, que não oferecem quaisquer restrições ao livre movimento da respiração abdominal.

Nos dias de hoje, para parecerem mais atraentes, as mulheres usam cintas apertadas, e tanto os homens como as mulheres contraem seus estômagos constantemente. Assim vivem num estado de asfixia que desenvolve tensão crônica nas costas, nos ombros e no pescoço, provocando a falta de circulação nos órgãos da parte inferior do corpo.

Uma vez que o abdômen está contraído, há um impedimento à expansão apropriada do diafragma, privando-nos do ar que necessitamos. Para compensar isso, respiramos numa freqüência mais veloz, causando hiperventilação, o que cria mais ansiedade. A hiperventilação, produzida por uma respiração torácica rápida, aumenta o teor de dióxido de carbono no sangue, causando tonturas, dores de cabeça e até ataques de pânico e derrame. Essa respiração rápida e superficial também produz palpitação cardíaca, asma, problemas gástricos e desorientação mental. Logo, **um dos mais importantes aspectos na redução do estresse é respirar corretamente.**

* *The breathing book*, por Donna Farhi.

O 2º MODO NATURAL: POSTURAS DE IOGA PARA REDUZIR O CORTISOL

Para aprender a ativar a "resposta de relaxamento" à nossa vontade, precisamos ser capazes não apenas de ativar o sistema nervoso parassimpático, mas, simultaneamente, de diminuir o nível de hormônios do estresse que, em *overdose*, são um tipo de auto-envenenamento. O modo mais eficaz de fazer isso naturalmente é através de posturas de Ioga.

Simples posturas de Ioga são capazes de reduzir radicalmente os níveis dos hormônios do estresse, cortisol e adrenalina, no sangue, diminuindo assim o estresse.

As posturas de Ioga foram desenvolvidas há milhares de anos, por sábios que dedicaram-se à maestria de seus corpos e mentes. Percebendo os poderosos efeitos dos hormônios na saúde física e no equilíbrio mental, eles inventaram uma série de exercícios que criam pressões específicas nas glândulas endócrinas. A pressão sutil dessas posturas, mantendo o corpo imóvel por certo período de tempo, acompanhada da respiração diafragmática profunda, restaura a secreção equilibrada dos hormônios, proporcionando saúde física e mental.

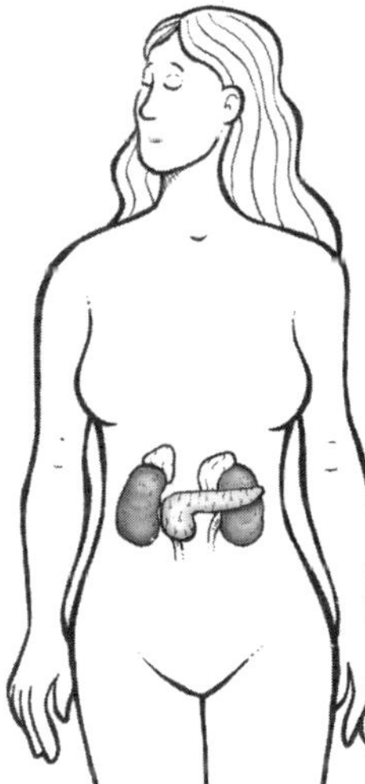

GLÂNDULAS SUPRA-RENAIS (SOBRE OS RINS)

Muitas dessas posturas, produto de gerações de experimentação, são tão simples que até mesmo uma criança ou um idoso pode executá-las. Na verdade, o termo em sânscrito para as posturas de Ioga é asana, que, literalmente, quer dizer "postura confortável". Ao final desta seção você aprenderá diversos exercícios simples de Ioga.

O 3º MODO NATURAL: MASSAGEM

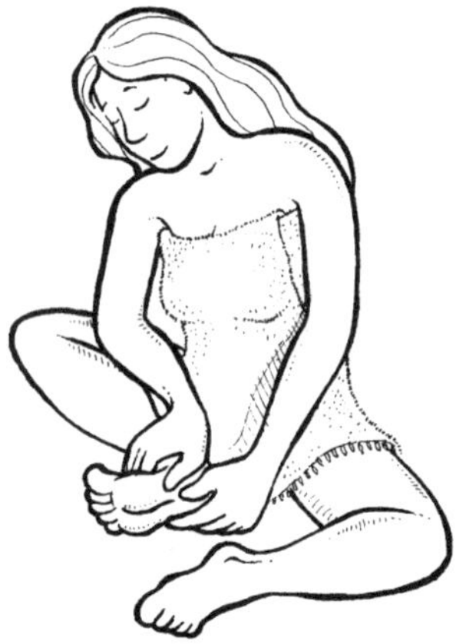

A massagem é um dos mais poderosos antídotos contra o estresse e está muito em voga atualmente – alguns dispendiosos minutos nas mãos de um especialista em massoterapia para aliviar suas tensões. Mas você sabia que você pode massagear a si mesmo com os mesmos benefícios, sem precisar pagar um centavo?

Muitas pesquisas recentes têm comprovado as excepcionais vantagens da massagem para a saúde. A dra. Tiffany Field, da University of Miami, publicou numerosos estudos afirmando que a massagem pode acelerar o processo de ganho de peso em bebês prematuros, melhorar a função pulmonar em asmáticos e fortalecer o sistema imunológico, mesmo em portadores de HIV. Num estudo em 1996, verificou-se que os trabalhadores que recebiam massagens duas vezes por semana tiveram desempenhos muito melhores nos testes de eficiência mental do que seus colegas que não receberam.

A automassagem que você vai aprender nestas páginas é derivada da antiga ciência da saúde chamada Ayurveda, a milenar arte da saúde do corpo/mente/espírito, que tem sido praticada na Índia por mais de 5 mil anos. Ela foi especialmente formulada para estimular o sistema linfático, um dos principais processos purificadores em nossos corpos.

A linfa, o fluido vital que remove as toxinas e produtos residuais da cada célula do nosso organismo, não é bombeada pelo coração, mas move-se no seu lento curso apenas pela ação dos músculos. A massagem facilita em muito o fluxo da linfa e, por conseguinte, na purificação de todos os nossos tecidos. Um cuidado especial deve ser tomado ao massagear-se as áreas dos importantes nódulos linfáticos situados no rosto, pescoço, nas axilas, na virilha e nos joelhos. Na massagem das páginas seguintes, essas áreas são enfatizadas.

Ao final, as plantas dos pés são cuidadosamente massageadas. Muitos dos nervos do nosso corpo têm suas respectivas terminações nas plantas dos pés. Logo, ao massagearmos as mesmas, estamos estimulando o fluxo de energia através dos órgãos internos (veja diagrama dos pés ao lado). Alguns minutos de automassagem diariamente, após a prática das posturas, irá relaxar os músculos, melhorar a circulação sangüínea e aumentar a oxigenação dos tecidos, promovendo assim o bem-estar geral.

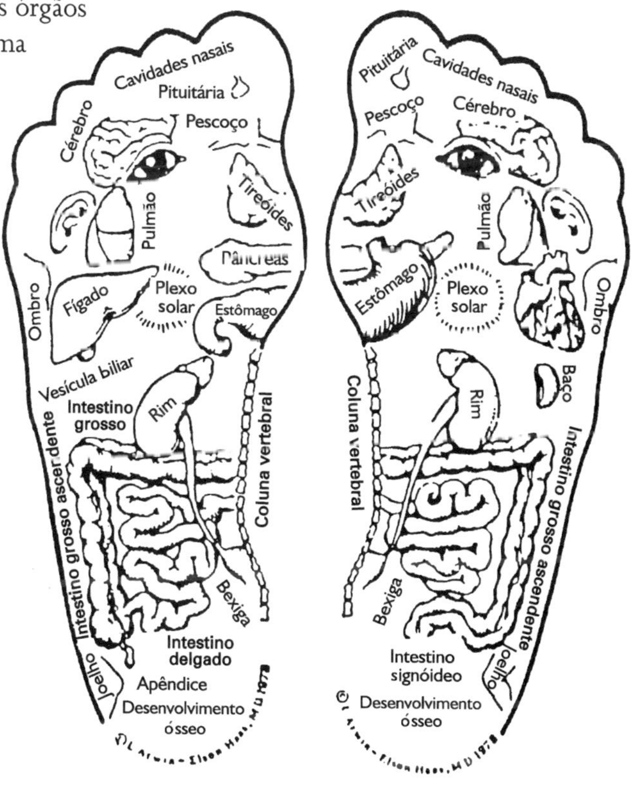

O 4º MODO NATURAL: RELAXAMENTO PROFUNDO

Uma das práticas mais eficazes para estimular a "resposta de relaxamento" e aliviar o estresse é o relaxamento profundo, desenvolvido por antigos sábios, ao observarem o sono restaurador dos animais hibernantes.

"Você não precisa tirar férias para relaxar. Você pode permanecer numa sala de uma metrópole agitada e ficar tão relaxado como se estivesse num verdejante vale da Suíça."

[dr. Stephen Brena]

Os médicos estimam que 80% de todas as doenças psicossomáticas podem ser controladas pelo relaxamento profundo.* Pela redução da estimulação do sistema nervoso simpático e ativação do sistema nervoso parassimpático, essa prática pode, em alguns poucos minutos:

- Diminuir os batimentos cardíacos.
- Diminuir a freqüência respiratória (de 15 para 10 respirações por minuto).
- Baixar a pressão arterial.
- Reduzir os hormônios do estresse no sangue.
- Relaxar os músculos.
- Acalmar a mente.

Dez minutos de relaxamento profundo podem reduzir em 50% os hormônios do estresse produzidos durante o dia inteiro! Apenas cinco minutos dessa prática são mais relaxantes do que uma hora de sono, uma vez que nessa postura o nível basal de tensão muscular cai abaixo do que aquele que você experimenta ao dormir. Povos nômades do Oriente Médio, que viajam dia e noite em seus camelos, quando encontram um oásis, atiram-se ao chão, e repousam assim, imóveis como mortos. Uma hora desse descanso revigora-os com tanta energia quanto uma noite de sono; dessa forma, os nômades conseguem empreender longas jornadas através do deserto com muito pouco tempo de descanso.

"Normalmente uma pessoa é como uma bateria trabalhando constantemente, incapaz de recarregar-se. No relaxamento profundo e tranqüilo, a pessoa é como se fosse uma bateria numa fase de recarga contínua, em contato com uma fonte infinita de energia."

[dr. Stephen Brena]

O relaxamento profundo também é um dos melhores tratamentos para hipertensão. Em um experimento feito por D. K. Datey, nos EUA, 50 pacientes com pressão arterial elevada praticaram essa postura diariamente, durante um mês. Suas dores de cabeça, tensões nervosas, irritação e insônia desapareceram completamente, e a pressão arterial dos pacientes baixou até o normal.

Pessoas mais estressadas, que usam intensamente suas mentes em atividades intelectuais, devem fazer essa prática por, no mínimo, dez minutos diariamente. É um dos melhores tratamentos para doenças relacionadas ao estresse, especialmente pressão alta.

* Dr. C. Norman Shealy, The self-healing workbook.

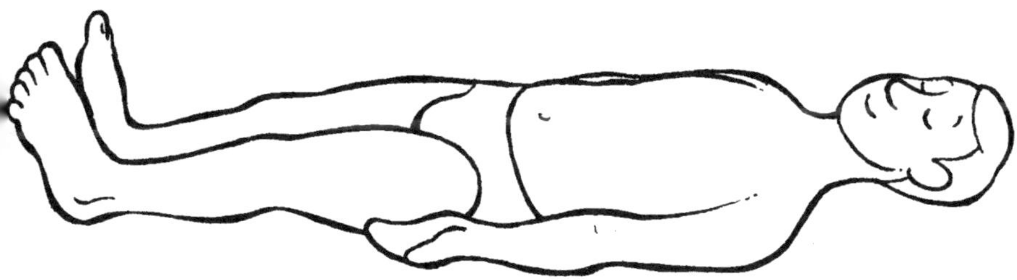

O 5º MODO NATURAL: MEDITAÇÃO

Vinte minutos de meditação podem dar o mesmo estado de relaxamento profundo que pode ser alcançado somente após seis horas de sono.

A meditação alivia o estresse e energiza porque ajuda no revigoramento do sistema nervoso, diminuindo rapidamente a secreção dos hormônios do estresse.

Uma pesquisa pioneira de 1971, feita pela Universidade de Harvard, EUA, constatou que a meditação propicia um nível de relaxamento muito mais profundo do que aquele do sono, levando a um estado de maior repouso fisiológico. O repouso é considerado uma condição básica para a ativação dos processos auto-organizadores e auto-regenerativos do organismo. Assim, de acordo com o Instituto Nacional de Pesquisas em Saúde dos EUA, as pessoas que meditam têm 30% a menos de doenças.

Pessoas que meditam têm a idade biológica doze anos mais jovem do que aquelas que não meditam!

Outros estudos científicos nos EUA mostraram que a meditação diminui a secreção de cortisol: pessoas que meditam regularmente mantêm seus níveis de cortisol continuamente baixos, mesmo em situações estressantes, e têm a idade biológica doze anos mais jovem do que aquelas que não meditam!

MENOS ESTRESSE, MENOS HOSTILIDADE

Um estudo de 18 meses sobre a redução do estresse convenceu a

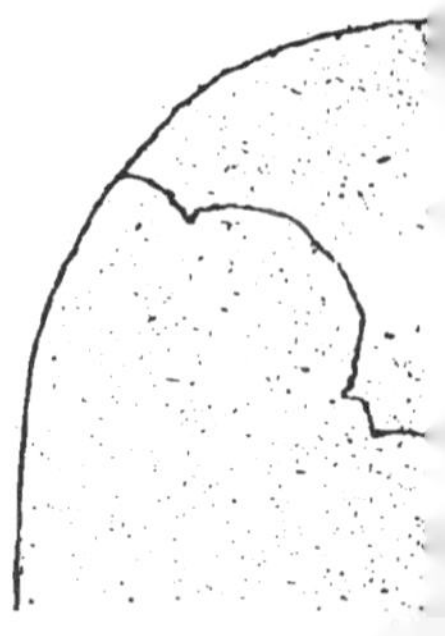

Companhia Telefônica de Nova York a adotar a meditação como parte regular do seu programa de promoção de saúde. Os 154 indivíduos que fizeram parte desse estudo foram escolhidos por causa dos seus altos níveis de estresse. Depois de meditarem duas vezes por dia durante 15 a 20 minutos, ao longo de cinco meses, "eles mostraram um acentuado decréscimo nos sintomas de depressão e baixaram consideravelmente seus índices de hostilidade", disse a psicóloga Patricia Carrington. Distúrbios psicossomáticos e relatos de absenteísmo diminuíram.

O benefício mais relatado, nas palavras dos próprios funcionários, foi a habilidade de pensar com mais clareza. Eles se sentiam mais alertas, mais sociáveis e disseram que estavam aproveitando a vida mais do que antes de terem aprendido meditação.

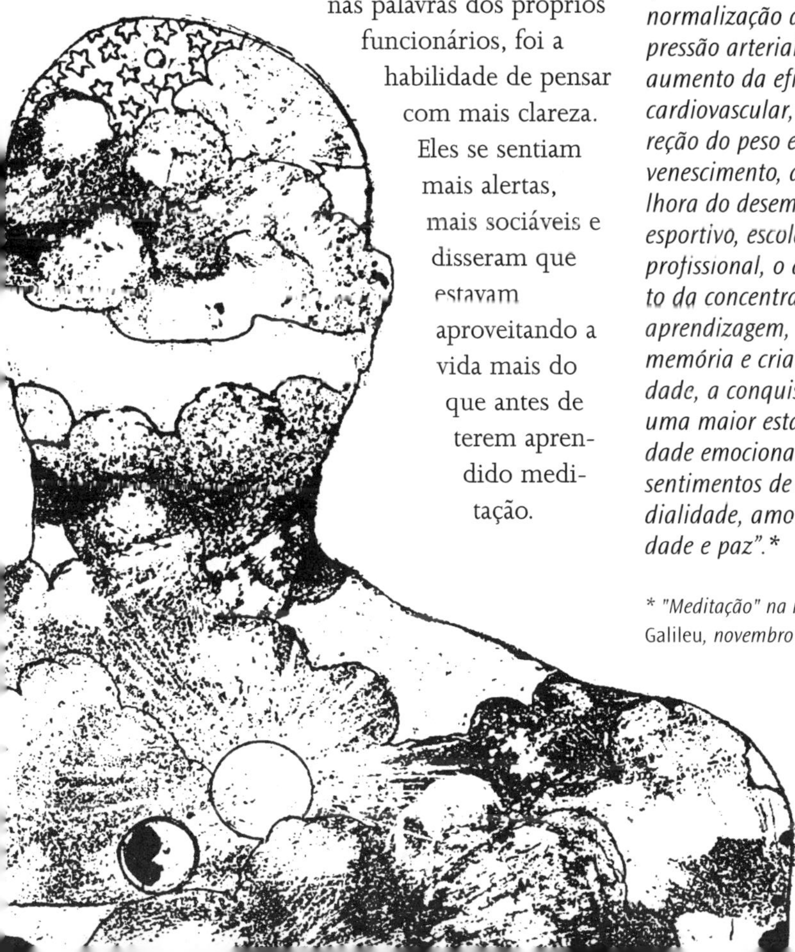

*Centenas de pesquisas em mais de 27 países listam os extensos benefícios da meditação, tais como: "a diminuição da ansiedade, insônia, depressão e várias doenças psicossomáticas, a superação da agressividade, fobias e neuroses, a redução do consumo de álcool, cigarros, tranqüilizantes e drogas, a normalização da pressão arterial e o aumento da eficiência cardiovascular, a correção do peso e o rejuvenescimento, a melhora do desempenho esportivo, escolar e profissional, o aumento da concentração, aprendizagem, memória e criatividade, a conquista de uma maior estabilidade emocional e de sentimentos de cordialidade, amor, felicidade e paz".**

* *"Meditação" na revista* Galileu, *novembro de 1998.*

Comentários típicos: "Eu não me sinto mais tão defensivo nos meus relacionamentos com as outras pessoas", "Meu processo de raciocínio é mais claro, eu me sinto mais capaz de determinar as prioridades e levá-las adiante numa ordem apropriada", "Eu posso pensar, lembrar e me organizar melhor".*

A JÓIA NO CORAÇÃO

Mas, provavelmente, o benefício mais importante da meditação é o de colocar-nos em contato com nós mesmos – com o tesouro da paz interior e felicidade que estamos sempre buscando fora de nós.

Existe uma história interessante, e verídica, sobre um fazendeiro na África do Sul, que viveu num período de uma grande febre de prospecção de diamantes. Ouvindo falar que poderiam haver valiosas minas na sua área, ele desistiu de cultivar para garimpar. Investiu todas as suas economias nessa empreitada, endividando-se, viajando incessantemente pela área na sua obsessão de encontrar os diamantes. Sua mulher, inconformada com a insensatez do marido, pegou as crianças e o deixou. Falido, com sua saúde em frangalhos, ele morreu miserável e solitário, nunca tendo achado seus diamantes.

Após o banco local ter executado a hipoteca da propriedade e revendê-la, o novo proprietário estava certa noite relaxando em frente da

* Brain/Mind Bulletin, 7/1/80.

lareira de pedras quando viu algo cintilar à luz do fogo. Chamou então o caseiro e lhe perguntou de onde vinham aquelas pedras. O caseiro respondeu que aquelas pedras haviam sido tiradas do riacho que passava no quintal dos fundos.

O novo proprietário correu para fora e viu que as rochas do regato brilhavam à luz da lua. Elas estavam cheias de diamantes! E assim foi encontrada a mina de diamantes Kimberley, durante muito tempo a maior e mais rica mina de diamantes da África do Sul. O antigo proprietário havia viajado para pontos tão distantes, procurado incansável e futilmente, tendo sacrificado a saúde e a própria vida, e o tesouro estava bem ali, o fundo do seu próprio quintal.

Aqueles que meditam sabem que por mais que vaguem no mundo externo, o tesouro que eles procuram está dentro do seu ser interior, a jóia brilhante no âmago de seus corações.

O CENTRO DA EXPERIÊNCIA HUMANA

O psiquiatra Arthur Deikman declarou que a psicologia ocidental tem falhado em conhecer "o centro da experiência humana, a auto-observação". Ele disse que pessoas em estado de consciência "normal" sofrem porque seu eu está perdido e elas estão esmagadas pelos pensamentos e sentimentos, agindo como autômatos e permanecendo "dormindo".

A psicologia ocidental se dirigiu apenas ao outer-self, *o eu exterior. Mas Diekman enfatiza, "nosso sentido central de existência pessoal, o 'eu', está localizado na consciência de si mesmo". Esse eu observador que vê a si mesmo precisa ser experienciado diretamente, através de uma outra forma de percepção. Deikman sugeriu a meditação para desenvolver essa experiência do verdadeiro eu.*

*[Brain/*Mind Bulletin, *4/10/82]*

O 6º MODO NATURAL: DIETA APROPRIADA

"REALCE" DO MEIO DA TARDE

Por volta das 16 horas, o nível do neurotransmissor serotonina começa a diminuir, e nos sentimos cansados e nervosos. Para ganhar energia rapidamente e diminuir os hormônios do estresse, coma carboidratos, como bolachas ou biscoitos, que aumentam a serotonina no cérebro. Os efeitos começam meia hora após a ingestão, e duram cerca de duas a três horas. Comer muito carboidrato no almoço provoca sonolência. Em vez disso, opte por mais vegetais ou frutas.

Finalmente, o alimento que ingerimos afeta tremendamente o nosso nível de estresse. Devemos evitar uma dieta rica em gordura animal (carne, peixe, ovos): o excesso de colesterol, combinado com o excesso de colesterol liberado pelo fígado, por meio da atuação dos hormônios do estresse, pode formar placas de gordura e levar à arteriosclerose, hipertensão e ataque cardíaco.

Devemos também evitar alimentos que excitam o sistema nervoso simpático, como café, chá preto, refrigerantes sabor cola, cacau, chocolate e carboidratos refinados, especialmente açúcar branco. A queda no nível de açúcar do sangue, que se segue à ingestão de comidas açucaradas, pode causar fadiga e depressão.

A dieta recomendada pelo célebre cardiologista norte-americano, dr. Dean Ornish, médico do ex-presidente dos EUA, Bill Clinton, é: mais frutas, vegetais, legumes e grãos integrais que têm muita fibra, com quantidades moderadas de laticínios ou derivados de soja.

Estudos médicos relacionados ao efeito nocivo da raiva e do ressentimento em nossa saúde verificaram que explosões de raiva são acompanhadas não só por um aumento do nível do hormônio cortisol, mas também por uma deficiência no neurotransmissor serotonina.

Os médicos e nutricionistas estão agora pesquisando o efeito de alimentos na estimulação ou diminuição da produção de serotonina, que podem assim acalmar ou agravar a nossa irritabilidade. Os estudos mais recentes publicados na revista italiana **Clínica Dietológica** mostram que as substâncias que favorecem a agressividade estão contidas em alimentos como legumes, carne e queijos. Dentre os alimentos que estimulam a produção de serotonina incluem-se o leite, batata, salada mista, azeite de oliva, frutas, mel e abacaxi.

Será que não é chegada a hora de você passar de uma "dieta de hostilidade" para uma "dieta de docilidade"?

SUCO DE LIMÃO: TRANQÜILIZANTE NATURAL

Uma dica útil para reduzir o estresse: beba um copo de água misturada com suco de meio limão toda manhã, ao levantar-se. Esprema meio limão num copo d'água e adoce com mel. O suco de limão é um tranqüilizante natural porque tem um efeito alcalinizante no corpo, o que ajuda a acalmar o sistema nervoso.

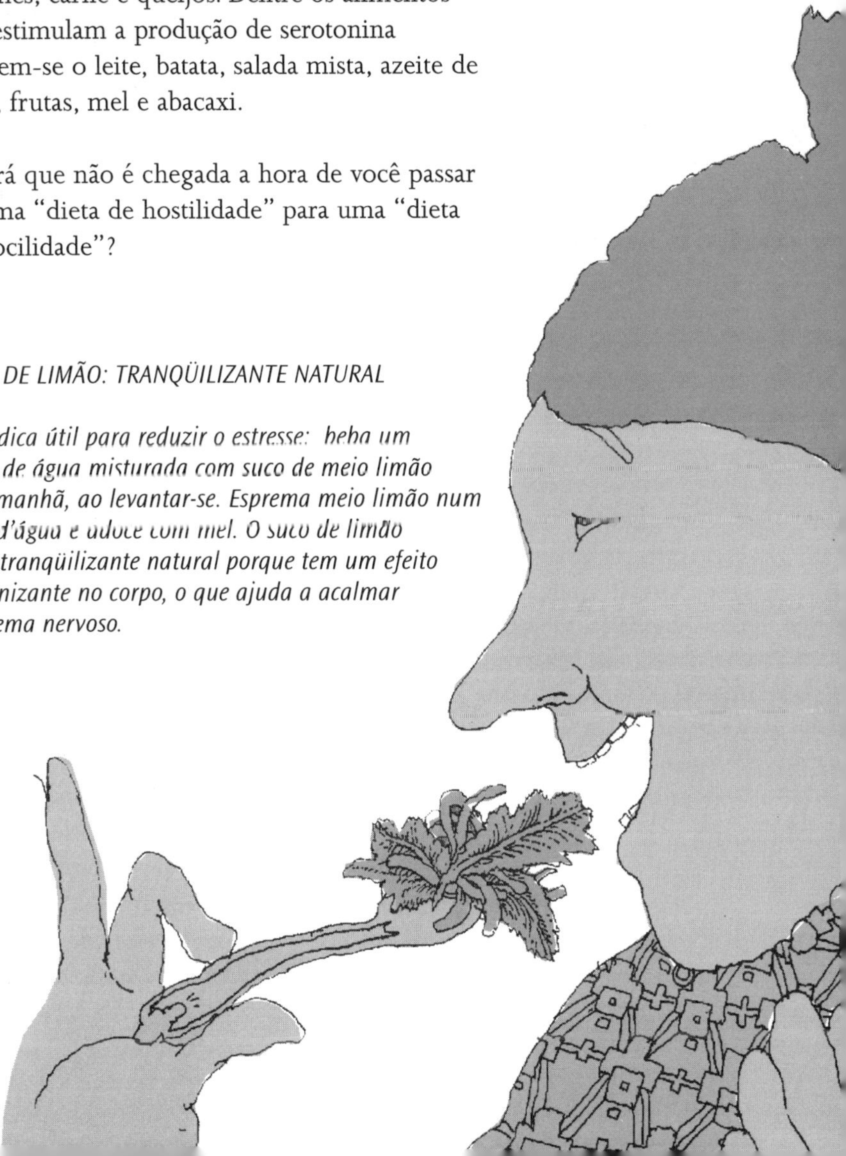

O ESTRESSE A SEU FAVOR

Tim O'Brein, diretor do Instituto para Gerenciamento do Estresse, nos EUA, acredita que o estresse no local do trabalho se tornará pior antes de melhorar. Ele também diz que vai ser preciso mais do que uma "mudança de coração" para que o mundo corporativo dê uma respirada – vai ser preciso uma derrocada econômica. "Se tivéssemos uma prolongada derrocada econômica nos EUA, onde as pessoas fossem obrigadas a se reajustar e honestamente avaliar o que elas estão fazendo e consumindo, isso mudaria as percepções de suas vidas. Tal situação causaria uma reviravolta, mas, quando elas chegassem ao fim do túnel, suas prioridades teriam mudado."

Talvez seja exatamente isso que esteja acontecendo no mundo agora – uma desaceleração econômica para desacelerar a velocidade insana de nossos ritmos, para "alinharmos" as nossas prioridades, para vermos o que realmente importa em nossas vidas. E para reestruturarmos nosso mundo, de modo a assegurar saúde, felicidade e harmonia para todos.

Lembre-se que o estresse não é gerado pelo mundo externo; é uma condição do seu próprio ser interior, podendo prejudicá-lo quando você estiver em desarmonia com o mundo e com o seu Eu superior. Estresse é uma energia que você "carrega" negativa ou positivamente, baseando-se nas suas próprias respostas em relação à vida. Pode enfraquecê-lo ou adoecê-lo, ou pode fortalecê-lo e motivá-lo para atingir seus mais elevados ideais, tornando-o aquilo que você sempre sonhou.

Faça a energia do estresse trabalhar a seu favor, aprendendo a intercalar os períodos de estresse, que são tão essencias para seu crescimento, com períodos de relaxamento completo, para recuperar-se. Aprenda a harmonizar pressão e pausa, atividade e relaxamento. Incorpore essas práticas simples no seu cotidiano – as práticas que iremos aprender agora!

A PRÁTICA

AQUECIMENTO

1) ROTAÇÕES

Movimente a cabeça para a frente e para trás, de um lado para outro, e então gire ao redor do pescoço, primeiro numa direção e depois na outra, lentamente, três ou quatro vezes... Sinta todas as tensões em volta do pescoço desaparecerem... Gire seus ombros, da frente para trás, e depois de trás para a frente...

Estenda seus braços para os lados e gire suas mãos ao redor dos pulsos, num sentido e depois no outro... Gire seu corpo ao redor da cintura num sentido e depois no outro...

Mantendo o pé direito no chão, gire o joelho numa direção e depois na outra... Gire o pé em torno do tornozelo em cada direção... "Chute" com o pé três ou quatro vezes para a frente, e depois três ou quatro vezes para o lado... Sacuda a perna e o pé vigorosamente... Agora repita com o outro pé.

2) BONECA DE PANO

Inspire e estique os braços acima da cabeça, ficando na ponta dos pés. Agora expire totalmente, "despencando" como uma boneca de pano, curvando-se a partir da cintura, deixando seus braços "pendurados", se possível até o chão. Repita três ou quatro vezes.

EXERCÍCIOS DE RESPIRAÇÃO

1) RESPIRAÇÃO DIAFRAGMÁTICA EM PÉ

Junte as pontas do polegar e do dedo médio, formando um "circuito", de forma que a energia vital acumulada neste exercício não se dissipe pelas pontas dos dedos, mas seja reciclada através do corpo. Inspire lentamente desde o abdômen e levante os braços acima da cabeça; sustente essa posição por alguns segundos, retendo a respiração. Em seguida, abaixe os braços e expire, expelindo todo o ar estagnado da parte inferior dos pulmões, junto com toda a tensão do corpo.

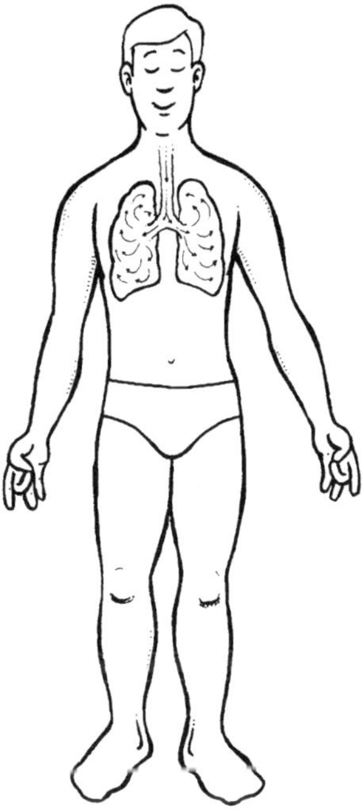

Respire sempre diafragmaticamente, o mais lenta e profundamente possível, pelo nariz, e não pela boca. Feche os olhos e concentre-se na respiração profunda. Imagine-se enchendo os pulmões de ar como se estivesse enchendo um jarro de água. Sinta a parte inferior do pulmão expandir-se com o ingresso do ar... depois sinta que a parte média dos pulmões se expande com o ar e, por último, a parte superior. Ao expirar, sinta que é a parte inferior do pulmão a primeira a se esvaziar, seguida pela parte média e, por fim, pela superior. Sinta sua mente e seu corpo relaxando mais e mais a cada respiração. Repita oito vezes.

"Quando a respiração vagueia ou fica irregular, a mente também fica instável. Mas quando a respiração está calma, assim é a mente, e a pessoa vive muito tempo." *[Hatha Ioga Pradipika 2-2]*

2) RESPIRAÇÃO DIAFRAGMÁTICA SENTADO

A respiração profunda pode ser praticada no carro, na sala, no trabalho, em qualquer lugar. Poucos minutos de respiração profunda proporcionam tranqüilidade e concentração mental.

Sente-se numa posição confortável, mantendo seu corpo imóvel. Não force uma inspiração ou expiração profunda mais do que for confortável. A capacidade dos seus pulmões e o controle da sua respiração irão aumentar à medida que você progredir.

Respire completamente cinco vezes, vagarosamente, inspirando e expirando através de ambas as narinas, lenta e suavemente, sem pausas entre as inspirações e expirações. Concentre a sua atenção no fluxo da sua respiração através de suas narinas. Gradualmente, torne sua respiração mais lenta, contando até três para cada inspiração e também para cada expiração. Feito isso, passe a contar até quatro e depois até cinco. Contar mentalmente também ajuda você a manter seu foco mental. Se outros pensamentos se intrometerem, permita que passem como nuvens flutuando através de um céu claro.

Quando você está inspirando e expirando numa contagem até cinco, sua freqüência respiratória fica em torno de seis vezes por minuto, quando normalmente respiramos cerca de doze vezes por minuto. Nesse ritmo mais lento, o seu sistema nervoso parassimpático é automaticamente ativado, e o nível de hormônios do estresse imediatamente diminui – é impossível sentir-se tenso ou ansioso.

3) RESPIRAÇÃO DIAFRAGMÁTICA DEITADO

Agora vamos deitar e relaxar. Coloque a mão direita sobre o abdômen e respire profundamente, diafragmaticamente. Quando respiramos assim, o diafragma empurra os órgãos internos para cima. Logo, se a sua mão subir na inspiração e descer na expiração, você está respirando corretamente. Relaxe totalmente e concentre-se na sua respiração lenta e profunda, por cinco minutos. A partir do momento em que você estiver respirando diafragmaticamente, ponha a mão de novo no chão e relaxe, mantendo a respiração lenta e profunda.

"Quando a pessoa tem um pensamento profundo, ela inspira profundamente; quando ela pensa rápido, sua respiração vibra rapidamente; quando a tempestade da raiva sacode sua mente, sua respiração fica tumultuada; quando sua alma está profunda e tranqüila, assim fica sua respiração."

[filósofo Emmanuel Swedenborg]

Como no exercício de respiração anterior, conte até três para cada inspiração e expiração. Em seguida conte até quatro e depois até cinco. Sinta-se como um balão, expandindo e contraindo. Concentre-se na sua respiração, como se você estivesse "pegando as ondas" da sua própria respiração. Quando você reparar que a sua mente começou a vagar desligada da sua respiração, observe o que a afastou e, suavemente, traga a atenção de volta à sensação da sua respiração entrando e saindo. Sinta-a fluindo livremente através de todos os limites do seu corpo. Se você sente qualquer desconforto ou tensão em alguma parte do corpo, sinta sua respiração penetrando nos seus tecidos e, quando você exalar, descarregue toda tensão e desconforto.

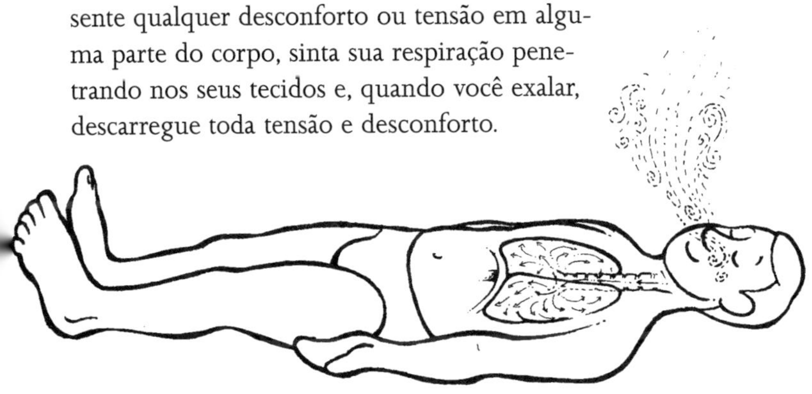

EXERCÍCIOS DE IOGA

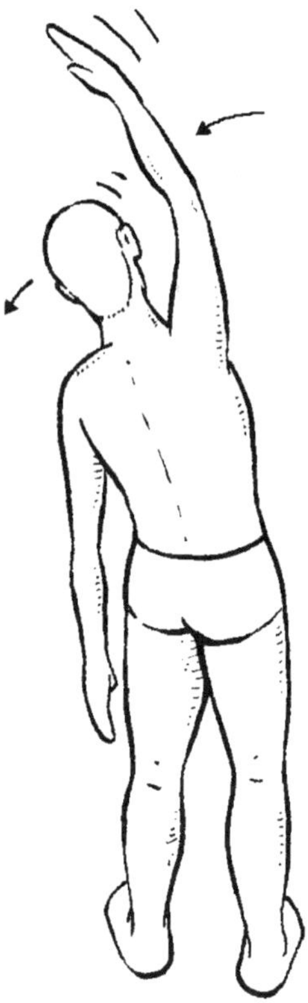

1) POSTURA DA MEIA-LUA

Fique de pé, ereto e, ao inalar, eleve os braços acima da cabeça. Expire e incline o corpo para a esquerda (como se o braço esquerdo tentasse alcançar o tornozelo esquerdo), parando por alguns segundos. Então inspire e volte a ficar ereto novamente. Expire e incline o corpo para a direita, parando por alguns segundos, e então inspire, com os braços esticados acima da cabeça.

Em seguida relaxe e incline o corpo à frente para tocar os dedões dos pés; pare por alguns segundos e então inale ar e suba, inclinando-se ligeiramente para trás. Exale e abaixe os braços para os lados, voltando à posição inicial. Repita três vezes.

Esse exercício energiza o corpo e é especialmente indicado para mulheres com saúde frágil.

2) POSTURA DE IOGA

Sente-se com as pernas cruzadas, passando a tíbia direita por baixo da esquerda e a mão direita segurando o pulso esquerdo por trás das costas. Incline o tronco à frente enquanto exala procurando tocar a testa no chão. Pare e mantenha a respiração por oito segundos. Nessa posição imóvel, tente relaxar o corpo o máximo possível. Não faça esforço. Inale ar e volte lentamente à posição original. Repita oito vezes.

Essa postura massageia todos os órgãos

abdominais, auxiliando na cura de constipação e indigestão. É um dos melhores exercícios para mulheres porque elimina a congestão nos órgãos femininos e promove o fluxo de sangue até os mesmos, evitando, portanto, muitos problemas menstruais. Também é excelente para a coluna, reduzindo a gordura abdominal, obesidade e, especialmente, diminuindo os hormônios do estresse.

EXERCÍCIOS "VAPT-VUPT" PARA RELAXAR A QUALQUER HORA

(na mesa de trabalho, por exemplo)

1) ROTAÇÃO DO PESCOÇO

Pressionando a base do crânio com as mãos, gire a cabeça ao redor do pescoço, três vezes no sentido horário e três no sentido anti-horário.

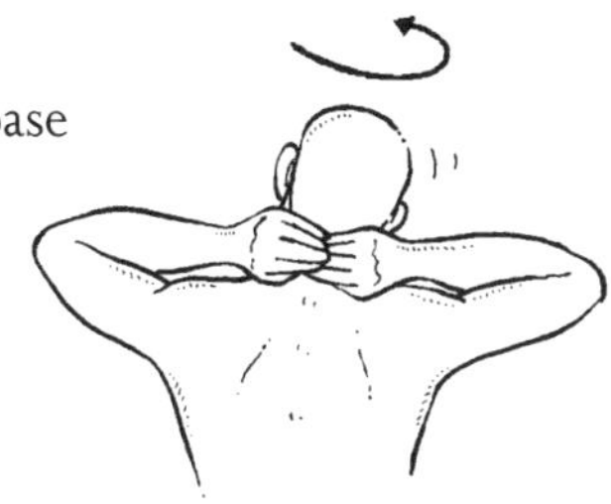

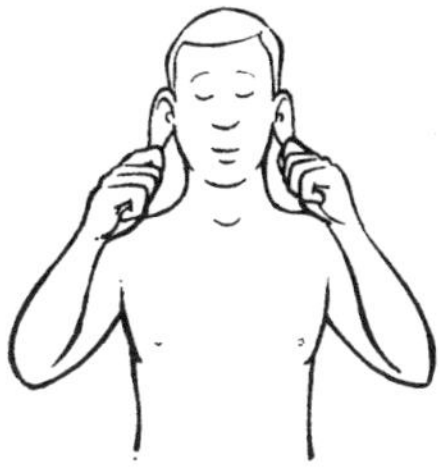

2) MASSAGEM NAS ORELHAS

Massageie todos os pontos de energia sutil das orelhas, "desenrolando-as" de cima para baixo e puxando os lóbulos também para baixo.

3) RESPIRAÇÃO PROFUNDA

Sente-se confortavelmente, feche os olhos e relaxe todo o seu corpo. Inspire profundamente pelo nariz e expire no dobro do tempo. Dois minutos bastam para acalmar o sistema nervoso simpático e ativar o sistema parassimpático, transformando a "resposta ao estresse" na "resposta de relaxamento".

AUTOMASSAGEM

1) Massageie para cima, com as palmas das mãos, a testa, a região superior e a parte posterior da cabeça. Repita os movimentos três vezes.

2) Esfregue as mãos ativamente até elas ficarem levemente aquecidas. Feche os olhos e pressione a base das palmas das mãos gentilmente sobre os olhos fechados. Relaxe e respire profundamente. Repita três vezes.

3) Com o lado externo das palmas, massageie o nariz dos lados até a ponta. Repita três vezes.

4) Massageie as faces; comece pela parte superior, deslocando as mãos para baixo até que as pontas dos dedos se encontrem no queixo. Repita três vezes.

5) Massageie a região do "bigode" do centro para os lados com a ponta dos dedos. Repita três vezes.

6) Exercendo leve pressão contra o centro do pescoço, massageie desse ponto em direção aos lados do pescoço (essa pressão afeta o nervo vago, diminuindo a pressão sangüínea e as batidas do coração, relaxando todo o corpo). Repita três vezes.

7) Junte as duas mãos no meio das costas e massageie para cima com a mão direita e para baixo com a esquerda, massageando assim a coluna. Repita três vezes e inverta os braços.

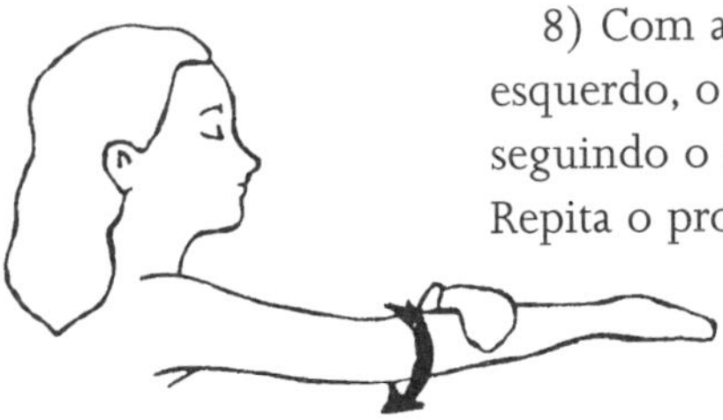

8) Com a mão direita, massageie o ombro esquerdo, o braço esquerdo e o antebraço, seguindo o sentido dos pêlos.
Repita o processo com o outro braço.

9) Massageie a parte superior da mão esquerda, a palma e ao redor de cada dedo (não puxe ou estale). Repita o processo com a outra mão.

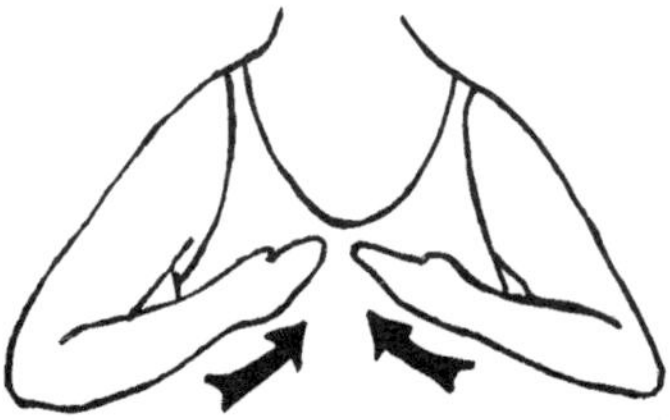

10) Massageie o tórax em direção ao coração, com ambas as mãos.

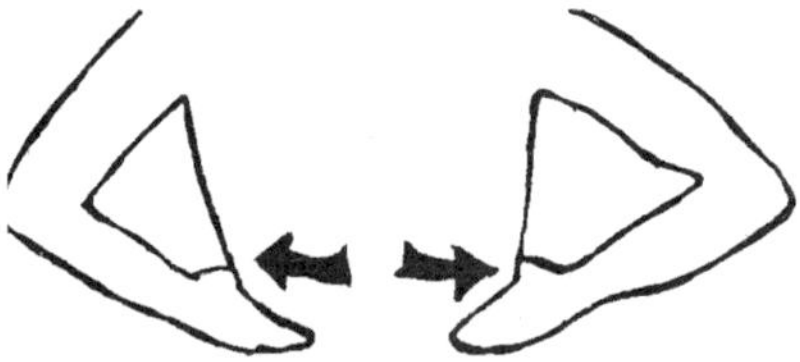

11) Exalando, posicione os polegares na cintura e a ponta dos dedos na base das costelas e massageie essa área para fora, três vezes. Dessa maneira, exalando e massageando para fora, trabalhe a parte frontal do corpo, massageando o tronco da cintura até as pernas. Essa massagem beneficia todos os órgãos internos.

12) Massageie a coxa esquerda para baixo três vezes, seguindo o sentido dos pêlos.

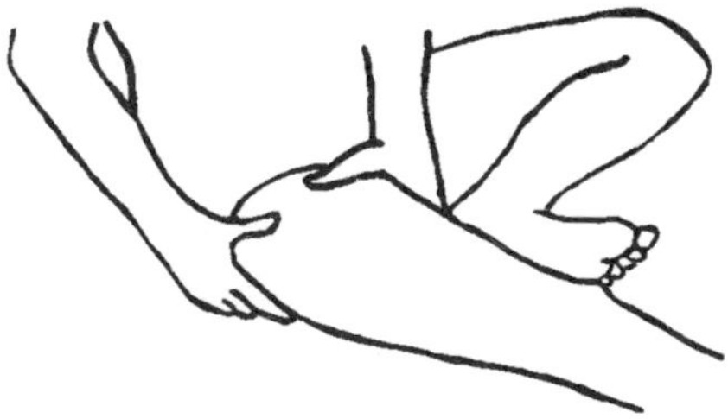

13) Massageie as partes anterior e posterior da perna no sentido dos pêlos.

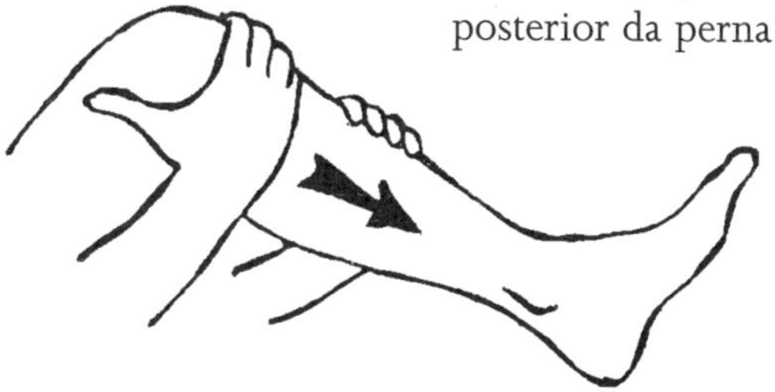

14) Massageie o pé esquerdo, a parte superior e a sola com os polegares.

15) Gentilmente, massageie os dedos, com uma leve pressão. Massageie o pé com os polegares, exercendo movimentos circulares nas áreas sensíveis. Com os nós dos dedos da mão fechados, pressione firmemente a sola dos pés, indo dos dedos ao calcanhar, três vezes. Depois, do centro da sola até o calcanhar. Bata gentilmente com a palma da mão sobre a sola do pé. Repita o processo com o outro pé.

RELAXAMENTO PROFUNDO

Deite-se com as palmas das mãos voltadas para cima e os pés levemente afastados. Respire profundamente, desde o umbigo, diafragmaticamente, do fundo de seus pulmões. Sinta seu abdômen subir e descer na medida em que você inala e exala. Gradualmente sua respiração torna-se mais lenta. Cada vez que você exala, sente-se mais e mais relaxado(a).

Agora torne-se consciente de seus pés: sinta o relaxamento fluindo até seus pés a cada respiração profunda... sinta suas pernas relaxando, bem como suas coxas e seus quadris. Sinta a tensão nas suas pernas desaparecendo completamente; suas pernas estão completamente relaxadas.

Agora sinta o relaxamento fluindo até seus órgãos internos – relaxe seus intestinos, seu estômago, seu fígado, sua região lombar... sinta o relaxamento espalhando-se através do tórax e da parte superior das costas – esteja atento para a expansão e contração dos seus pulmões com cada respiração profunda.

Agora sinta o relaxamento fluindo até seus ombros e braços com cada respiração profunda que você faz... até seus antebraços, seus braços, suas mãos e cada dedo. Você pode sentir um calor ou formigamento nas suas mãos na medida em que relaxa completamente. Sinta a tensão desaparecer de seus braços, mãos e dedos. Agora sinta a garganta e o pescoço relaxarem, bem como sua face, sua boca, seu nariz, as bochechas... os ouvidos estão completamente relaxados... as pálpebras estão ficando em repouso, um pouco mais pesadas a cada respiração... sinta sua testa... sinta a tensão de sua testa desaparecendo na medida em que o relaxamento espalha-se. Deixe que o relaxamento flua pelo seu cérebro, indo até o topo de sua cabeça. Toda a sua cabeça e todo o seu corpo, cada parte dele, desde as pontas dos dedos dos pés até o topo da cabeça, estão completamente relaxados e em paz.

Agora fique cônscio da sua respiração. Continue respirando lenta e profundamente, a partir do diafragma. À medida que você inspira, imagine que está inalanado energia para cada célula do seu corpo; sua mente e corpo estão ficando completamente recarregados. Sinta a energia do Cosmos fluindo através de você, lavando todas as tensões e negatividade, limpando-o(a) por dentro e por fora. Sinta-se repleto, transbordante dessa energia purificadora, preenchendo todo o seu ser com alegria e amor. Permaneça nessa posição pelo tempo que quiser.

Agora sinta-se retornando à sensação do corpo físico: movimente um pouco suas mãos e pés. Dê uma espreguiçada e, lentamente, vire-se para o lado direito, sentando-se (é mais fácil e força menos as costas sentar-se para o lado direito). Então sinta seu corpo, mente e espírito completamente revigorados.

MEDITAÇÃO

Procure definir um local em sua casa, um canto que seja, onde você possa meditar de forma regular, de preferência sempre na mesma faixa de horário, sendo o mínimo possível incomodado por estímulos externos. As melhores horas são antes do café-da-manhã e antes do jantar, ou antes de dormir.

Sente-se da maneira que for mais conveniente, de modo que seja possível manter-se quase imóvel, com a coluna o mais ereta possível. Feche os olhos e concentre-se na sua respiração, inalando e expirando sempre pelo nariz. Imagine-se num local onde a natureza seja magnífica, exuberante, onde você se sinta em comunhão com tudo ao seu redor e radiante de alegria interior.

Sinta que, nesse local imaginário, o ar que você inspira e expira é de uma qualidade especial, muito energizante; é o elo de comunhão entre você e tudo na natureza ao seu redor. Gradualmente, comece a perceber que existe uma essência que é comum a tudo que está à sua volta, a você mesmo. Sinta que tudo está gradualmente tornando-se luminoso, cada vez mais luminoso....

Pouco a pouco, você sente que essa luz invade todo o seu ser, e seu corpo vai ficando tão luminoso quanto a luz que o envolve… até o ponto em que seu corpo é todo luz. Não é mais possível distingui-lo da luz que o envolve, você mesmo é essa luz, sem limites, infinita, tão vasta que é impossível descrever.

Quando você expira, o ar que sai do seu corpo volta para a fonte infinita de luz refulgente. Só existe luz, e essa luz é você.

Agora, pense consigo mesmo:

Eu não sou o corpo físico
Eu sou o eu espiritual
Eu não sou as emoções
Eu sou o eu espiritual
Eu não sou a mente
Eu sou o eu espiritual
Eu sou o eu divino
Imortal e eterno
Eu sou aquele eu de luz
O eu em mim é uno com o eu em tudo
Eu sou em tudo
Eu sou a luz divina.

"Na mente calma, se os pensamentos vierem, eles não surgem da mente, mas vêm de fora e pela mente, assim como uma revoada de pássaros cruzando o céu num ar sem vento. Passam, nada perturbam, não deixando nenhum traço. Mesmo que mil imagens, ou os mais violentos eventos, passem pela mente, a placidez permanece como se a própria textura da mente fosse uma substância de eterna e indestrutível paz."

[Sri Aurobindo]

SUA ROTINA DIÁRIA MÍNIMA

Torne um hábito firme a prática de ao menos 20 minutos de técnicas redutoras de estresse TODAS AS MANHÃS, antes do desjejum. No começo você pode sentir que é difícil disciplinar-se, mas certamente irá se inspirar pelos excelentes benefícios que vai começar a sentir – sua energia revigorada, sua mente calma e focada.

1) RESPIRAÇÃO PROFUNDA	três minutos
2) POSTURA DE IOGA	três minutos
3) AUTOMASSAGEM	quatro minutos
4) RELAXAMENTO PROFUNDO	cinco minutos
5) MEDITAÇÃO	cinco minutos

"Que saudade do stress."

15 DICAS PARA REDUZIR O ESTRESSE

Teste-se: Quantas dessas orientações para reduzir o estresse você segue diariamente?

1) Acorde alguns minutos mais cedo pela manhã e pratique sua rotina diária – respiração diafragmática, exercícios, massagem, relaxamento profundo e meditação.

2) Prepare-se para o dia seguinte na noite anterior. Faça uma lista de todas as coisas que precisa fazer no dia seguinte, organize as roupas que irá usar etc.

3) Não dependa de sua memória. Escreva os encontros marcados, quando as contas têm que ser pagas etc.

4) Deixe 15 minutos de tempo extra para chegar a seus encontros, ou uma hora, se está viajando de avião. Programe um dia realístico: deixe tempo suficiente entre os encontros.

5) Esteja preparado para esperar. Traga um livro ou algo para fazer, a fim de evitar uma espera estressante.

6) Organize-se! Deixe seu quarto e local de trabalho em ordem, de modo que você saiba exatamente onde as coisas estão. Coloque as

coisas no local ao qual pertencem e você não terá de passar pelo estresse de perdê-las.

7) Aprenda a dizer "não". Recuse projetos extras ou convites sociais para os quais sabe que não possui energia; reconheça claramente que todos precisam de momentos tranqüilos para estarem sozinhos. Aprenda a delegar responsabilidades para outras pessoas capazes.

8) Mantenha-se em silêncio todos os dias num período em particular, para introspecção e meditação. Desligue seu telefone quando estiver nestes momentos de silêncio e relaxamento.

9) Faça breves pausas. Pequenas pausas de dez minutos durante o trabalho são fundamentais para repor a energia mais rapidamente, uma vez que a concentração mental diminui depois de períodos com duração superior a duas horas de esforço mental. Levante-se e espreguice periodicamente, se o seu trabalho exige que você se sente por longos períodos, e respire profundamente. Ocupe-se com uma distração mental temporária – uma mudança de atividade ou de ambiente para refrescar sua mente. E não se esqueça de fazer pausas para as refeições. Libere-se de corpo e mente do seu trabalho, mesmo que por poucos minutos.

10) Faça amizades com pessoas despreocupadas e pacientes. O estresse é contagioso. Nada pode lhe deixar nervoso ou desanimado tão rápido quanto o envolvimento com pessoas ansiosas ou deprimidas. Quando você tem que lidar com pessoas irritantes ou negativas, respire

lenta e profundamente e faça um esforço determinado para manter sua mente positiva. E lembre-se: irritabilidade é a maneira mais segura para você aumentar seus hormônios venenosos do estresse e provocar doença.

11) Confira sua respiração constantemente ao longo do dia, especialmente durante e após situações estressantes. Se você perceber que seus músculos estomacais estão presos e que sua respiração está superficial, relaxe completamente e faça respirações diafragmáticas, lenta e profundamente.

12) Exercite-se ou caminhe ao menos por 30 minutos. Caminhar ao ar livre é muito melhor do que horas de exercício físico numa academia. Segundo uma pesquisa na Universidade de West Virginia, as pessoas que faziam atividades físicas em áreas externas tinham menos hormônios do estresse na corrente sangüínea do que aquelas que ficavam enclausuradas em academias.

13) Cuide de sua dieta. Elimine ou diminua a quantidade de cafeína, acúcar branco e gordura animal de sua alimentação.

14) Todos os dias, faça algo que você realmente ama fazer, e acrescente um pouco de amor em cada coisa que fizer.

15) Tenha uma atitude de misericórdia em relação às pessoas. Aceite que estamos todos nos movendo no caminho da imperfeição para a perfeição. Pense positivamente: para cada coisa que dá errado, há provavelmente de 50 a 100 bênçãos. Conte-as!

BIOPSICOLOGIA

As práticas para o gerenciamento do estresse neste livro fazem parte da BIOPSICOLOGIA, um conjunto de técnicas que alia a antiga sabedoria oriental com as mais modernas abordagens da "medicina corpo/mente", tais como a psiconeuroimunologia. Biopsicologia é uma metodologia que propõe o autocontrole das emoções negativas e seus reflexos na saúde e na vida, visando a harmonização psíquica, física e energética, gerando saúde integral.

Visto que nosso estado mental está intimamente relacionado aos hormônios produzidos pelas glândulas endócrinas, podemos, por meio de práticas que equilibram a secreção glandular, diminuir nossas atitudes como medo, irritabilidade, ansiedade, entre outras que geram doenças, e acentuar as qualidades positivas, como amor, coragem, otimismo, determinação e tranqüilidade.

SUSAN ANDREWS é norte-americana, graduada em Literatura e Antropologia pela Universidade de Harvard – EUA, mestre em Psicologia e Sociologia pela Universidade de Ateneo (Filipinas) e doutora em Psicologia Transpessoal na Universidade de Greenwich (EUA). Conferencista em quarenta países como Austrália, Itália, Dinamarca, Polônia, China, Indonésia, Quênia, Índia, Egito e vários outros.

No Brasil, ministrou palestras e treinamentos para empresas e profissionais liberais nas áreas de Saúde, Psicologia, Relações Humanas, Ecologia, Desenvolvimento Pessoal e Educação.

É autora de vários livros, alguns traduzidos em até 20 idiomas. Fundadora e coordenadora do Parque Ecológico Visão Futuro, de Porangaba-SP, um centro de desenvolvimento rural baseado numa visão humanista de máxima utilização dos recursos, cooperação e equilíbrio com a natureza.

Parque Ecológico

visão *futuro*

Cursos e seminários sobre Biopsicologia são ministrados no Parque Ecológico Visão Futuro em Porangaba, SP, um centro de desenvolvimento humano e de auto-sustentabilidade rural. O Parque foi estabelecido em 1992 com o auxílio do governo sueco, como um modelo de vida ecológica do futuro, com máxima utilização e mínima entropia, servindo como referência para as comunidades rurais atingirem a auto-suficiência nas necessidades básicas da vida, tais como comida, remédios, energia, educação e vestuário, trabalhando em cooperação e com o mínimo de degradação ambiental.

Na infraestrutura do Parque incluem-se energia alternativa, como luz solar, aquecedores solares e cataventos; agricultura orgânica e compostagem; purificação da água por meio de plantas e tratamento biológico do esgoto; horta de plantas medicinais e laboratório de manipulação; padaria, centro de costura e creche para as crianças da região.

O Parque também é a sede do **Centro Ananda**, um centro de tratamento **ayurvédico**, a ciência milenar de saúde que ajuda a restaurar o equilíbrio corpo–mente, fortalecer a resistência imunológica e aumentar a vitalidade.

Para mais informações sobre o Parque, os cursos, ou palestras da dra. Susan, favor contatar:
Telefax: (15) 257-1243
257-1540
E-mail: visaofuturo@visaofuturo.org.br
Webpage: www.visaofuturo.org.br

dobre aqui

Carta-
resposta

9912200760/DR/SPM
Summus Editorial Ltda.

CORREIOS

CARTA-RESPOSTA

NÃO É NECESSÁRIO SELAR

O SELO SERÁ PAGO POR

grupo editorial summus

AC AVENIDA DUQUE DE CAXIAS
01214-999 São Paulo/SP

dobre aqui

EDITORA ÁGORA

CADASTRO PARA MALA-DIRETA

Recorte ou reproduza esta ficha de cadastro, envie completamente preenchida por correio ou fax, e receba informações atualizadas sobre nossos livros.

Nome:______________________ Empresa:______________
Endereço: ☐ Res. ☐ Coml. ______________________ Bairro:______________
CEP: ________-______ Cidade: ______________ Estado: ______ Tel.: ( ) ____________
Fax: ( ) ______________ E-mail: ______________ Data de nascimento: ____________
Profissão:______________ Professor? ☐ Sim ☐ Não Disciplina: ____________

1. Você compra livros:
☐ Livrarias ☐ Feiras
☐ Telefone ☐ Correios
☐ Internet ☐ Outros. Especificar:____________

2. Onde você comprou este livro?
____

3. Você busca informações para adquirir livros:
☐ Jornais ☐ Amigos
☐ Revistas ☐ Internet
☐ Professores ☐ Outros. Especificar:____________

4. Áreas de interesse:
☐ Psicologia ☐ Comportamento
☐ Crescimento Interior ☐ Saúde
☐ Astrologia ☐ Vivências, Depoimentos

5. Nestas áreas, alguma sugestão para novos títulos?
____
____

6. Gostaria de receber o catálogo da editora? ☐ Sim ☐ Não

7. Gostaria de receber o Ágora Notícias? ☐ Sim ☐ Não

Indique um amigo que gostaria de receber a nossa mala-direta

Nome:______________________ Empresa:______________
Endereço: ☐ Res. ☐ Coml. ______________________ Bairro:______________
CEP: ________-______ Cidade: ______________ Estado: ______ Tel.: ( ) ____________
Fax: ( ) ______________ E-mail: ______________ Data de nascimento: ____________
Profissão:______________ Professor? ☐ Sim ☐ Não Disciplina: ____________

Editora Ágora
Rua Itapicuru, 613 7º andar 05006-000 São Paulo - SP Brasil Tel (11) 3872 3322 Fax (11) 3872 7476
Internet: http://www.editoraagora.com.br e-mail: agora@editoraagora.com.br

cole aqui